弁護士が教える

分かりやすい「民法」の授業

木山泰嗣

光文社新書

まえがき

民法は難しい、というイメージがあるようです。

大学の法学部や法科大学院に入学すると、必修科目に民法があります。専門的に法律を学ぶ学生にとっても、民法は難しいと言われています。

民法が難しいのはなぜでしょうか。まず条文が膨大であることが挙げられます。1044条もあり、**日本国憲法の10倍以上もの量です。**

それに輪をかけて民法を難しくしているのは、100年以上前にできた法律であり、その間に言い渡された「裁判所の判決」（判例）や、学者の先生方が積み重ねられてきた「法律の議論」（学説）が、非常に多くあるからです。

意欲をもって入学した大学生も、資格試験などを受験しようと考え勉強をしている方も、この「量の壁」にぶつかってしまうのです。

量だけでなく、言葉も、また難解です。

法律用語は外国語だと思ったほうがよい、と言われます。日本語で書かれていても、法律には固有の意味があり、定義があり、要件があります。それらを一つひとつ体得していかないと、なかなか全体を理解することはできません。

民法は、実はわたしたち一人ひとりの毎日の生活にかかわっています。離婚や相続などにかぎらず、なにかのトラブルが起きたとき、必ず関係してくる法律が、民法だからです。

企業などにつとめている方にとっても、経営企画、総務、法務、税務、人事労務などの部署で、それぞれに必要な法律の大前提として、民法は存在しています。

必要性が高い法律であるにもかかわらず、かんたんに理解することができない。そこに「**民法のジレンマ**」があります。

「短い時間で民法の全体像がイメージできて、基本的なことだけでも、おさえることができる本はないか？」

「わかりやすく、読みやすく、面白く、簡潔な民法の超入門書はないか？」

こうした声におこたえしようとつくったのが本書です。

本書は、2日間の集中講義形式をとっています。1日目で民法の基本を解説します。2日目でストーリーを使って具体的なことがらを解説します。

最大の特徴は、2日目にあります。ここに出てくるストーリーはすべてフィクションです。登場人物も実在しませんが、民法でよく問題となる事例を、**読んですぐにイメージがわくようなかたちで取り上げています。**

なにを事例として取り上げようかと考えたときに、「あなたとわたしと第三者」という視点が思い浮かびました。民法の規定をみてみると、当事者どうし（あなたとわたし）の法律関係と、当事者ではない「第三者」が登場した場合の法律関係とで、取扱いが異なるものが多かったからです。

2日目の事例は、この「あなたとわたしと第三者」が、さまざまな場面でどのようにあらわれてくるか、という点に注意しながら読んでいただくと、理解が深まります。

本書の読み方としては、（1）順番に最後までお読みいただく方法と、（2）2日目のストーリーから入っていただく方法の、2つがあります。**抽象的な法律用語の説明などが苦手な方は、2日目を先にお読みいただくことをおすすめします。**それで終えてしまってもよいです。ただそのあとで1日目もお読みいただくと、**具体論と抽象論が重なり、「民法の立体的な理解」につながると思います。**

本書はわかりやすく、読みやすく、面白く、簡潔に、をめざしました。そのため、専門的な議論には深く立ち入っていません。基本的に「判例・通説」と言われる一般的な考え方にそって解説をしており、そうした結論に対する学説上の批判や有力説などには、触れていません。本格的に民法を勉強したいと思った方は、専門書で、より正確に学説や要件・効果をフォローしてください。

最後に、本書のご依頼とともに編集の担当をしてくださった森岡純一編集長からは、かつて大ベストセラーになったカッパブックスの故佐賀潜氏のご高著『民法入門』（１９６７年）のコピーも手配していただきました。40年以上前に書かれたこの作品は、本書を書くための強いモチーフになりました。

森岡編集長には原稿の執筆においても、さまざまな箇所で、読者目線からのアドバイスを頂戴し、読みやすいものに仕上げていただきました。

わたしが書いた原稿をお読みいただき、さまざまな観点からご意見をくださった方もいます。母校である上智大学法科大学院出身の弁護士小西功朗さん、同院在学中の須藤泰宏さんと妹さんの須藤可奈子さん、同院在学中の寺澤春香さんです。ご協力してくださった多くの方々に深く御礼申し上げます。

平成24年3月

木山泰嗣

目次

2日目　実例にあたってみよう！

楽しんでください——121

1日目　基本を勉強しよう！

——気軽に読んでください

【1日目のポイント】

わからない用語や言葉があっても、どんどん読み進めてください。法律の学習では、まず全体の雰囲気を感じとることが重要です。

1時限　民法ってなに？

民事の争いごとに関するルール

ミンポウってなんだか知っていますか？

「ＮＨＫ以外のテレビ局のことでしょ」ですって？　それもたしかにミンポウですけど、漢字が違います。それは民放です。

「わかった。暴力団による解決の仕方だ」

いえいえ。少し近づきましたが、少しだけです。それはミンポウではなくミンボウですよね。民暴《みんぼう》。「警察は民事不介入《みんじふかいにゅう》です」なんて言われることがありますが、民事の争いごとには警察は立ち入らないのが原則です（警察はあくまで刑事事件を扱うところだからです）。

おっと、ここにヒントが出てきましたね。なにかわかりました？

そうです。「民事の争いごと」。このルールを定めたのが民法《みんぽう》です。これが答えです。民法というのは、「民事の争いごとに関するルール」のことなのです。

「民事の争いごと」というのは、民間どうしのもめごとのことです。国や地方公共団体などは登場しない、人と人との間で起きたトラブルだということです。

国や地方公共団体のことを「公人《こうじん》」と言います。これに対して、一般の市民のことを「私人《しじん》」と言います。「私人」は個人に限りません。株式会社や財団法人などの「法人《ほうじん》」も含まれます（法人に対して、実際に生きているひとりの人間のことを「自然人《しぜんじん》」と呼びます）。

このように、法人も含んだ民間の人どうしで起きたもめごとのルールを定めた法律が、「民法」なのです。民法はシビル・ローの訳語です。市民法《しみんほう》という意味で、由来はローマ法にさかのぼります。

「へえ、そうなんだ。でも、ほかにも憲法とか刑法とか商法とか民事訴訟《そしょう》法とか、とにかくいろいろな法律がありますよね。それとはどう違うんですか、ミンポウって」と思われたあなた。鋭いです！　たしかにいろいろな法律があります。「そのなかで民法はどういう位置づけなんでしょう？」「そもそも、民法はいつつくられたのでしょう？」「ローマ法と日本の民法って関係があるのでしょうか？」――そんな疑問が浮かんでくるかもしれません。

ご安心ください。これから少しずつお話ししていきます。

民法はなぜ難しい？

民法は１０４４条も条文がある、たいへん分厚い法律です。量の多さが民法を難しくしている原因のひとつであることは間違いありません。しかし原因はそれだけではありません。法学部に入学して、はじめて「民法」の教科書を読んだときチンプンカンプンだったわたしの印象は、約20年たったいまも鮮明です。

「難しいものを難しく書いているテキスト」が多いんですよね。それも民法を難しくしている大きな原因のひとつだとわたしは思います。

そこで本書では、とにかくわかりやすく、面白く！　をコンセプトにします。最初から飛ばさずに、ゆっくりと、少しずつ、じわじわと民法を攻めていこうではありませんか。どうです？　こんな感じのお話なら付いていけそうですか？

さあ、始めましょう。

その前におさらいを。民法ってなんでしたっけ？　そうです。「民事の争いごとに関するルール」でした。では進めていきましょう。

民法を勉強することは希少価値がある

さあ、民法の正体はもうわかりましたね。そうです。「民事の争いごとに関するルール」です。それだけわかれば、すでにあなたのまわりの人たちに差をつけることができたと思います。日本では、法学部の人以外は、ほとんど法律のことを知りません。法学部以外の方でも法律を学び、専門職についた方などはもちろんくわしいのですが、そうでない方は、法律のホの字もわからない人がほとんどだと思います。ということは少し学ぶだけで、ほかの人より、かなりくわしいレベルにまで到達できるということです。

会計をわかりやすく説明した本は書店のビジネス書などの棚にたくさん並んでいますが、民法をわかりやすく説明した本を一般書の棚で見かけることはほとんどありません。会計を勉強する人はいても、民法を勉強する人は少ないということ。つまり、会計よりも民法を勉強したほうが、希少価値が生じるということです。

抽象的なことを具体的に考える

さて、もう少し具体的に考えてみましょう。はたして民法はなにを定めているのでしょうか?

「民事の争いごとに関するルールでしょう」と言われれば、そのとおりですが、ここからは次のステージです。大事なことなので、声を大きくして言います。

民法などの法律を学ぶにあたっては、具体的に考えることが重要です。

「民事の争いごとに関するルール」というのは、抽象的な言葉でした。抽象的な言葉のよいところは、さまざまなことがらをひと言で表せる点です。さまざまな場面でいろいろな人に適用されることを想定している法律が、抽象的につくられているのはそのためです。それが法律を難しくしている原因でもあるのですが、具体的に考えることでグンとわかりやすくなります。本書はとにもかくにも、具体的に考えていきます。退屈な民法のテキストとは違いますので、楽しみながら読み進めてください。

民法はなにを定めているのか？

さて本題です。

民法はなにを定めているのか？

そうです。その答えです。ひと言で言えば、

「ある人とある人の間に〝請求できる権利〟があるかないかを定めたルール」

ということができます。

言い換えれば、「トラブルになった人と人との間に、なにか相手に請求できる権利が発生していないか」――それを細かく定めているのが、民法なんです。そんなことばかり書いているうちに１０４４条になってしまった、と言っても過言ではないほど、とにかくたくさんの量です。それくらい民法という法律には、さまざまな場面を想定

し、「こんな場合には、こんな権利が発生しますよ」ということが書かれています。

「請求できる権利」の3つの場面

では、具体例を挙げて考えてみましょう。

カオリさんがユウト君に1万円を貸したとします。お金の貸し借りがあったのですから、カオリさんが「1万円返して！」とユウト君に請求できる権利が発生しないとおかしいですよね。

これを民法では、「消《しょう》費《ひ》貸《たい》借《しゃく》契《けい》約《やく》」と言い、契約のひとつとして定めています。返してもらう約束をしてお金を貸したら、借りた人はお金を使える、貸した人は借りた人に貸したお金を返せと請求できる。これが消費貸借契約です。

民法はこうした「請求できる権利」を定めた法律です。もう少しつっこむと、「請求できる権利」が、①どんなときに発生して、②どんなときに変更し、③どんなときに消滅するのか？——この3つのことを書いたものです。

これはいわば、人がオギャーと生まれ、成長し背が伸びて、女らしくなったり、ヒゲがはえたりして、いつかは亡くなるのと同じです。民法が定める「請求できる権利」も、オギャーと生まれ（**①発生**）、成長し（**②変更**）、最後は消えてしまうのです（**③消滅**）。

まとめましょう。

民法は、ある人がある人に対して「請求できる権利」をもっていると言える場合のルールを定めた法律です。それを次に挙げる3つの場面で定めています。（わかりにくい人は、カッコの中を読んでイメージできれば十分です）。

①「請求できる権利」が発生する原因（「オギャー」と生まれるのは、いつか？）
②「請求できる権利」が変更する原因（女らしく、男らしくなるのは、いつか？）
③「請求できる権利」が消滅する原因（人生とお別れするのは、いつか？）

この①〜③を、カオリさんとユウト君の例に当てはめてみると、まず、カオリさんがユウト君に1万円を貸しました。返す約束をして1万円を渡したときに、カオリさんにはユウト君に「1万円返して」と「請求できる権利」が発生します（①）。そして、ユウト君が1万円をカオリさんに返すと、めでたくカオリさんの「1万円返して」と「請求できる権利」は消滅します（③）。

消滅するのは、「弁済《べんさい》」があったからです。返すべきお金を返すことを弁済と言い、その時点で「請求できる権利」は消滅することが、民法に書かれているのです。

どれも常識的なことですよね。借りたお金を返したら、もう返さなくていい。小学生でもわかることです。それを、「請求できる権利」の発生（①）・変更（②）・消滅（③）というふうに分類し、その原因（要件）を一つひとつ明らかにしたのが民法なのです。なかなかのスグレモノだと思いませんか。

民法の世界で「変更」が起きる場合

「よくわかりました。でも、なにか抜けてません？　②の変更というのはどんな場合なんですか？」と思われたあなた。なかなか鋭いですね。最初に「変更」の場面までお話ししてしまうと、少しわかりにくくなるので省略していました。

では、お教えしましょう。

たとえば、テッペイ君がタツロー君にガンダムのフィギュアを2万円で売る約束をしたとします。これは**売買契約**と呼ばれるものです。売買契約が成立すると、テッペイ君にはタツロー君に対して「2万円を払え」と代金を「請求できる権利」が発生します。逆にタツロー君にはテッペイ君に対して「フィギュアをよこせ」と引き渡しを「請求できる権利」が発生します。

ところがです。テッペイ君がそんな約束などすっかり忘れ、タツロー君から2万円をもらったのにフィギュアを渡さないで、インターネットで知り合った人にそれを3万円で売り渡してしまったとします。この場合、タツロー君がテッペイ君に「フィギュアをよこせ」と引き渡しを「請求できる権利」は、残念ながら実現が困難になってしまいました（限定生産品なので他にはなく、手元にもうありません）。

このような場合に、「フィギュアをよこせ」というタツロー君の「請求できる権利」はどうなるのでしょう？

これが、②の「変更」の場面です。この場合、「**債《さい》務《む》不《ふ》履《り》行《こう》**」といって、「フィギュアを引き渡す」義務を負っていたテッペイ君のミスで、引き渡せなくなってしまったため、お金で損害を賠償する必要が出てきます。つまり、タツロー君のテッペイ君に対する「フィギュアをよこせ」という請求権は、「フィギュアを渡してもらえなかったことの損害賠償として××円払え」という請求権に「変更」されるのです。

民法の世界で「変更」が起きるのは、このように途中でなにかアクシデントが起きた場合です。人がどんどん顔を変え、姿を変え（女っぽく、男っぽく）成長していくのと違い、民法の請求権は、ほとんどの場合は生まれて（①）、なくなる（③）という2つの場面で終わるのです。

ここまで読んだ方は、民法も自分とそれほど遠い話ではなさそうだなと思えてきたのではないでしょうか。実際、もともとそれほど難しい話ではないのです。ルールが難しすぎたら、争いごとを解決できなくなってしまうからです。

さあ、ここまでお話ししたことをすんなり理解できたあなたは、なかなか民法のセンスがあると思います。その調子で、次に進んでください（「請求できる権利」については、1日目の2時限でさらにくわしくみていきます）。

ローマ法の精神を受け継ぐ

ここまで単に「民法」と言ってきましたが、フルネームは民法典《みんぽうてん》です。民法典という法典のことを、わたしたちは民法と呼んでいるのです。いまある民法典が日本で誕生したのは明治時代でした。

江戸末期、ペリー率いる黒船がやってきたのをきっかけに開国した日本は、諸外国といわゆる不平等条約を締結させられました。その結果、外国人が日本で罪を犯しても日本の法律で裁くことができず(治外法権《ちがいほうけん》)、日本で自主的に関税を設定することもできなくなったのです(関税自主権《かんぜいじしゅけん》の欠如)。

そこで、当時の日本のエライ人たちは、西欧に学び、近代国家と認められるための努力を始めます。その流れで登場したのが、「日本も民法をもとうぜ」ということだったのです。

ボワソナードというフランス人を日本に招いて、フランス民法をベースにしながら民法典の原案をつくってもらいました。これが日本で最初の民法典で、「明治23年法律第28号」「明治23年法律第98号」と呼ばれるものです。1890（明治23）年に公布されたこの民法典は、1893（明治26）年1月1日から施行される予定でした。しかし、施行延期派から大反対にあいます。穂積八束《ほづみやつか》の「民法出《い》デテ忠孝滅《ちゅうこうほろ》ブ」というスローガンなど、日本の風土や慣習に合わないという批判が起こり、論争に発展したのです（**民法典論争**）。結局「明治23年の民法典」の施行は延期されます。

近代国家になることが急務だった明治政府は、穂積陳重《ほづみのぶしげ》、梅謙次郎《うめけんじろう》、富井政章《とみいまさあきら》の3人を法典調査会の起草委員に抜擢《ばってき》して、反対が強かったボワソナード民法をドイツ風にアレンジした民法典をつくらせました（お三方とも日本史や社会の教科書に載っていたと思います）。

成立したのが1896（明治29）年のことで（全部ではなく第4編・第5編は明治31年に成立しました）、施行されたのは1898（明治31）年のことでした。

このように、ドイツ民法を参考につくられた日本の民法ですが、法の淵源《えんげん》をさかのぼるとローマ法までたどりつくと言われています。外国法として存在していたローマ法の精神を、日本の民法も受け継いでいるのです（これを「**法の継受《けいじゅ》**」と言います）。

2004年の改正で口語化

1898年に施行された民法典は、その後もさまざまな改正を経て、いまに至っています。特に大きな改正があったのは、日本が敗戦して、新憲法がつくれられたときでした。1947（昭和22）年の大改正です。

ここで戦前の民法と大きく変わったのが、「男女平等の徹底」と「家制度の廃止」の部分です。

戦前の民法では、妻は無能力者とされ、女性は、選挙権もなければ（これは戦前の憲法＝大日本帝国憲法下で選挙法が定めていた部分です）、財産をもつことも許されていませんでした。それが、新憲法（日本国憲法）では「法の下《もと》の平等」が保障され、女性にも選挙権が認められ（普通選挙）、妻も財産をもてるようになったのです。憲法の条文で次のような規定がつくられたからです。

「配偶者の選択、財産権、相続、住居の選定、離婚並びに婚姻及び家族に関するその他の事項に関しては、法律は、個人の尊厳《そんげん》と両性の本質的平等に立脚して、制定されなければならない。」（日本国憲法24条2項）

この憲法の規定を受け、相続についても改正されました。

戦前は家督《かとく》相続といって、家の戸主《こしゅ》がすべての財産を単独で相続することになっていました。しかし1947年の改正民法において、家督相続を認めた家督制度がなくなり、子には原則として平等に相続権が与えられることになりました。こうして現在の相続制度へと変化を遂げました。

その後にあった大きな改正は、ごく最近、2004（平成16）年のことです。このとき、漢文調の文語《ぶんご》で書かれていた民法が口語化《こうごか》されました。わたしが大学のころに（そして司法試験の勉強をしていたころに）学んだ民法は、漢字とカタカナで書かれていました。明治時代にできた法律ですから仕方ありませんが、こんな具合でした。

「私権ハ公共ノ福祉ニ遵フ」（1条1項）

「権利ノ行使及ヒ義務ノ履行ハ信義ニ従ヒ誠実ニ之ヲ為スコトヲ要ス」（1条2項）

漢文をある程度読めないと、条文を読むことすらたいへんでした。それが2004年の改正前までの民法だったのです。いまは「口語化」（「現代語化」とも言います）されましたので、漢字とひらがなで書かれています。こんなふうに。

「私権は、公共の福祉に適合しなければならない。」（1条1項）

「権利の行使及び義務の履行は、信義に従い誠実に行わなければならない。」（1条2項）

さらに今後、債権法という民法典のある部分についての改正が検討されています。ただ、改正の時期など具体的なことは、まだ決まっていません。

民法は5編からなる

民法典は合計1044条という非常に膨大な条文からできています。1044条の条文は5つの「編《へん》」に分かれ、「編」はいろいろなパートから成り立っています。

5つの編とは次の通りです。

第1編　総則（1条から174条の2まで）
第2編　物権（175条から398条の22まで）
第3編　債権（399条から724条まで）
第4編　親族（725条から881条まで）
第5編　相続（882条から1044条まで）

分類の仕方はいろいろ

大学の法学部では、民法の講義があります。大学により分け方はいろいろあるようですが、民法という名の講義がひとつだけということは、まずありません。ひとつの編だけでひとつの法律と考えてもおかしくないくらい、分量が多いからです。

分け方としては、単純に編に応じて「民法Ⅰ（総則）」「民法Ⅱ（物権）」「民法Ⅲ（債権）」「民法Ⅳ（親族）」「民法Ⅴ（相続）」という分類も考えられますが、重要度とボリュームから、次のように4つに分けられるのが一般的です。

①民法総則 ②物権 ③債権総論 ④債権各論 ⑤親族・相続

①から④までは、大きなくくりでいうと「**財産法**」と言われるパートです。民法の第1編から第3編までは、財産について定めた部分です。**このいわゆる「財産法」が民法のキモに当たります。**それだけ分量もあり、理論的にもなかなか骨のあるパートです。そこで「財産法」のパートをさらに細分化し、4つの部分に分けるのです。

総則というのは大原則を定めた部分です。財産法は、この総則（右記の①）と、「その他」（右記の②～④）に分かれます。その他は大きく、物権（②）と債権（右記の③と④）に分かれます（それぞれ、物権法、債権法と呼ぶ人もいます）。「**物権**」は、所有権や抵当権《ていとうけん》など「物（もの）」に対する権利で、分量はそれほど多くありません。

これに対して「**債権**」は、「人（ひと）」に対する権利で、分量の多いパートになります。教科書（テキスト）によっては、債権法の部分を、（1）「債権総論」、（2）「契約総論、契約各論」、（3）「不法行為・不当利得・事務管理」というふうに分類しているものもあります。「債権総論」とは、債権の総則に当たるもの（大原則）、「契約総論・契約各論」とは契約を定めた部分（契約法）、「不法行為・不当利得・事務管理」とは契約以外の債権を定めた部分です。

また、「財産法」に対して、第4編と第5編（⑤親族・相続）を、「家族法」と言います。

このように、いろいろな分類の仕方があるのも、それだけボリュームのある法律だからです。大学の法学部や法科大学院などに通っている方は、自分の学校ではどのように分けられているかを確認してみてください。そうでない方で、より本格的に民法の勉強をしたいと思っている方は、市販されている民法の体系書の分類（分冊）の仕方をご覧ください。実にさまざまな分け方があることが、わかると思います。

少しつっこんで分類の話をしましたが、本書ではあまり細かい話はしません。新書サイズ1冊で民法の雰囲気を味わってもらう本だからです。といっても特定のパートだけではなく、ここで挙げた編については全部を取り上げます。1冊で1044条の全体を見渡してもらえる構成になっています。

さて、おさらいです。ここでは次の2つのことだけ押さえれば十分です。

① 民法は1044条もあり、ボリュームがある法律であること
② 大きく「財産法」と「家族法」の2つに分かれること

細かい分類は飛ばしてかまいません。
さあ、次はいよいよ民法のコアとなる考え方に迫ります。

4つの基本原理

民法にはコアとなる考え方があります。これを「民法の基本原理」と言います。民法の体系書やテキストを読むと必ず、最初にこの「民法の基本原理」が書かれています。司法試験などで民法を学習する人も、このあたりは理念や概念だろうということで飛ばしてしまいがちですが、「基本原理」というくらいですから、知っておくことは実はとても重要です。わたしはそのことに、一番難しい司法試験の論文試験に合格した年に気がつきました。

これから本書に登場するさまざまな制度や具体的な事例に触れていくと、抽象的な理念や概念はどうでもいいように思いはじめるかもしれません。しかし、ほんとうは違うのです。民法の条文は「民法の基本原理」に基づいてつくられているからです。

こうした「基本原理」は本来、民法典の条文の中で書くべきことです。しかし、そんなことをいちいち書いていたら煩雑《はんざつ》になるし、そもそも自明のことだということで、日本の民法典ではこうした「基本原理」や「基本概念」の定めがされませんでした。

しかし、民法を勉強したことがある人ならともかく、勉強をしたことがない人にとっては自明のことではありません。それで民法を学習する際には必ず、まず「基本原理」から学ぶのです。

まえおきが長くなりました。本題に入りましょう。

「民法の基本原理」は次の４つです。言葉は抽象的ですが、大事な原則です。ためしに声に出して読んでみてください。

① 権利《けんり》能力《のうりょく》平等《びょうどう》の原則
② 所有権《しょゆうけん》絶対《ぜったい》の原則
③ 契約《けいやく》自由《じゆう》の原則
④ 過失《かしつ》責任《せきにん》の原則

整理の仕方によっては、④を除く3つのみを挙げる考えもあります。しかし④の原則も、「不法行為」と呼ばれる制度の根本にある考えで重要です。

一つひとつその意味をみていきましょう。

権利能力平等の原則

「**権利能力**」というのは、「**人格**」のことです。「人格」というと、「やさしい」とか「まじめ」とかいった性格のように思うかもしれません。しかし、民法でいうところの人格とは、「**権利や義務が帰属する主体になれる**」という意味です。

カオリさんがユウト君に1万円を貸した話を思い出してください。このときカオリさんには、「1万円返せ」と「請求できる権利」が発生しましたね。これはカオリさんに、貸した1万円を返せと「請求できる権利」が帰属したことを意味します。

当たり前のことのようですが、不平等な社会や身分制度がある社会では、身分や地位によって、こうした権利や義務の帰属主体にもなれない人が出てきます。しかし日本では、オギャーと生まれた瞬間から亡くなるときまで、人間である以上だれでも権利や義務の帰属主体になれます。なぜなら、日本の民法には「権利能力平等の原則」があるからです。

所有権絶対の原則

「私有財産制」という言葉を聞いたことがありますか？

日本は資本主義の国で、財産をもつことの自由が認められています。昔は、農民が自分の土地をもつこともできない時代がありましたし、貴族が土地を独占している時代もありましたが、いまは違います。憲法にも「財産権は、これを侵してはならない。」と書かれています（憲法29条1項）。

物《もの》を支配する（自分の自由にする）権利を「所有権」と言います。こうした所有権を人々に認めることで、資本主義は成り立っています。これが「所有権絶対の原則」です。

ただし、「所有権絶対の原則」には、「例外」もあります。いわゆる「公共の福祉」によって制限を受ける場合などで、高速道路を建設するためなど合法的に土地が国に収用されることもあります。もちろんこの場合、制限を受けたことによる損失は、国から補償されることになります（憲法29条3項）。

契約自由の原則

3つめの基本原理は、民法が定めている契約を学ぶときに、きわめて重要な根本原則になります。

「私人《しじん》と私人とのあいだでは、どんな契約をしてもいいですよ」「自分たちで納得して決めたのであれば国家は契約の中身や効力に干渉しませんよ」というのが民法のスタンスです。これを「**契約自由の原則**」「**私的自治《してきじち》の原則**」と言います。当事者どうしで話し合って決めたことであれば、その人たちの意思を尊重しようという考え方です。

民法が定める領域は、基本的にすべてこの大原則によって支えられています。そして「契約自由の原則」は、具体的に次の4つの原則によって構成されていると言われています。

(1) 契約締結《けいやくていけつ》の自由

（2）相手方《あいてかた》選択《せんたく》の自由
（3）契約《けいやく》内容《ないよう》の自由
（4）契約《けいやく》方式《ほうしき》の自由

これは、（3）どんな内容の契約を（**契約内容の自由**）、（2）どんな相手と（**相手方選択の自由**）、（1）締結するのかしないのか（**契約締結の自由**）、するとして（4）どんな方式でするか（**契約方式の自由**）は、当事者の自由です、という原則です。

ただし、この原則を制限なく認めてしまうと、力の強い当事者が、力の弱い当事者を利用して、自分にとって有利な内容の契約を締結させてしまうことも可能になってしまいます。

そこで、社会的弱者を保護するための修正があります。この修正は民法のなかにも、それ以外の法律にもあります。

たとえば、民法のなかでの修正として、保証契約は書面でなければ無効だとされています（民法446条2項）。これは（4）の修正です。

またマンションを借りている人は、追い出されたら住む場所がなくなってしまうという弱い立場にあります。そこで家や土地を借りている人を保護するための「**借地《しゃくち》借家法《しゃくやほう》**」という法律があります。この法律では、民法が定めている「**賃貸借《ちんたいしゃく》契約**」の内容が修正されています。これは、(3)の修正です。

企業と従業員の関係については、「**労働基準法**」などの法律が、民法の定めている「**雇用契約**」の内容を修正しています。ほかにも悪質な業者から消費者を守る「**消費者契約法**」などがあります。これも、(3)の修正です。

いずれの法律も、社会的弱者を保護するために、契約が成立すればなんでも自由にできるという「契約自由の原則」に歯止めをかけているのです。

このように「契約自由の原則」には例外もあるのですが、まずは原則を頭に入れてください。あくまで原則は、自由なのです。

過失責任の原則

民法は、他人の権利や財産・身体を侵害した人に対して、侵害を受けた人の損害を賠償する責任が発生することを定めています。損害を賠償する責任（損害賠償責任）というのは、要するに「お金を払わなければならない」ことです。

自動車を運転しているときに、過《あやま》って人をはねてケガをさせてしまったら、お金を払って損害を賠償しなければいけません。「不法行為」といって、故意または過失に基づき、他人の権利を侵害した者は、損害を賠償しなければならないのです（民法709条）。被害者を苦しめた以上、賠償するのは当然のことだと思うでしょう。

しかし自分にまったく非がないのに、被害を受けた人がいるからといって損害賠償をしなければならないとしたら、どうでしょうか？　たとえば、駐車場に止めていたあなたの車が突然爆発して、近くにいた人が重傷を負ったとします。ケガをした人はもちろん被害者です。でもあなたの車が爆発した原因は、その車を製造した自動車メーカーの設計ミスによるもので、あなたにまったく落ち度はないとします。それでも、あなたは、ケガをした人に対して損害賠償をしなければならない、としたらどう思いますか？

「おいおい、それはちょっと違うだろう」と思いますよね。このようなことが起きないように、民法は「過失責任の原則」を基本原則としているのです。つまり損害賠償責任を負うのは、原則として、あくまでその人自身に非がある場合に限られるのです。民法709条には、「故意《こい》」または「過失《かしつ》」がある場合に不法行為責任が発生する（被害者からみると、損害賠償を「請求できる権利」が発生する）と書かれています。これはまさに「過失責任の原則」をあらわした条文です。故意というのは「意図的にやった」場合（これは当然責任を負ってしかるべきですよね）、過失というのは「不注意があった」場合のことです。

もっとも、民法は被害者を救済するために、「過失責任の原則」の修正も定めています。「**危険責任**」「**報償《ほうしょう》責任**」といって、建物などの工作物や動物といった「危険」が生じるおそれがあるものを占有している人や、従業員を使って利益を得ている使用者は、その建物や動物、従業員が他人に損害を与えた場合には、責任を負う——このように修正された考えを定めた条文もあります。

以上、4つの基本原理をみてきました。大事なことは「原則」を知ることです。原則という以上、「例外」や「修正」もあります。しかし、例外はあくまで「例外」です。そこでまずは、原則のほうを知ることです。

私法の一般法

さてここからは、民法という法律の性質について簡単にお話をします。さまざまな法律があるなかで、民法はどういう位置づけにあるのかということです。

先に結論を言うと、民法は「私法《しほう》の一般法」であり「実体法」です。「私法」というのは、民間どうし（私人《しじん》と私人）の間に適用される法律です。これに対して、国や地方公共団体と私人との間に適用される法律を「公法《こうほう》」と言います。私法と公法は、反対の概念です。民法や商法、会社法、借地借家法、消費者契約法といった法律は、私人と私人との間に適用される法律なので「私法」に当たります。これに対して、憲法や刑法、地方自治法といった法律は、国や地方公共団体と私人との間に適用される法律なので「公法」に当たります。

民事責任と刑事責任

民法は私法ですが、民法が適用される事案では、同時に公法である刑法が適用される場合もあります。たとえば、交通事故や殺人事件などの不法行為です。車を運転中に過って人を死なせてしまったり、あるいは故意に人を殺害したりすると、犯罪になる。そのことはあなたも知っていると思います。

前者では自動車運転致死罪などが適用され（刑法211条2項）、後者では殺人罪（刑法199条）が適用されます。こうした犯罪は、あくまで罪を犯した人が、国から受ける刑事罰《けいじばつ》（死刑や懲役刑《ちょうえきけい》・罰金刑など）の問題です。しかし被害者や遺族からすれば、加害者（犯人）に当然ながら損害賠償や慰謝料の請求をしたくなるでしょう。これは、被害者と加害者との間、つまり私人と私人との間の問題になるので、民法により解決すべき領域になります。ここで登場するのが、民法709条で定められた「不法行為に基づく損害賠償請求」です。

このように、不法行為が起きた場合には、公法である刑法と、私法である民法の双方が問題になります。そして刑法が定める刑事責任（刑事罰）については、検察官が加害者を被告人として起訴《きそ》し「**刑事裁判**」で決着をつけます。これに対して、民法が定める民事責任（損害賠償責任）については、被害者（亡くなっている場合は遺族）が原告となり、加害者を被告として損害賠償の訴えを提起し「**民事裁判**」で決着をつけます。

　両者はまったく別の裁判になります。裁判官も異なります。そこで場合によっては、異なる結論が出てくることもあります。刑事では無罪になったのに、民事では損害賠償責任が認められるようなケースです。別の裁判だからという理由もありますが、刑事裁判では「**疑わしきは被告人の利益に**」という原則があり、罪を犯したことについて厳格な立証が求められます。これに対して、民事裁判はあくまでお金の問題なので、刑事裁判よりも緩やかに不法行為が認められます。こうした法制度の違いによって、結論が変わってくるわけです。

　本書は民法の本ですので、刑法については深入りしませんが、民法の問題が発生している場合には、同時に刑法の問題も生じている場合があること、そして両者は、裁判で結論が異なる場合があり得ることは知っておいてください。

一般法と特別法

さきほど民法は「私法の一般法」であると言いました。私法の意味はお話ししましたから、ここでは「一般法」の意味を簡単にお話ししておきます。

「一般法」の反対概念は「**特別法**」です。一般法というのは、一般的な原則を定めた法律のことで、特別法というのは文字どおり特別な規定を定めた法律のことを言います。民法が「私法の一般法」と言われるのは、私人と私人との間に適用される一般原則を定めた法律だからです。これに対して、ビジネスや商行為の場面では、「私法の特別法」である商法や会社法が適用されることがあります。その場合、民法と異なる規定があるときは、商法や会社法が優先して適用されることになります。このことを「**特別法は一般法を破る**」と言います。

「私法の一般法」である民法に対して、「私法の特別法」は商法や会社法以外にもたくさんあります。借地借家法、労働法、利息制限法、消費者契約法など、私人と私人との関係に適用されるありとあらゆる法律が「私法の特別法」という位置づけになります。そして、これらの規定は、民法の規定に優先して適用されるのです。

ここから言えることとは、実社会では「私法の特別法」を考慮に入れておかないと、そこに適用される法律関係を確定することはできないということです。しかし、だからといって、「特別法」だけをみていればいいのかというと、そうではありません。あくまで「一般原則」を定めているのは、「私法の一般法」である民法だからです。特別法を理解するためにも、大原則である民法を知っておくことが重要になります。

実体法と手続法

民法は「私法の一般法」であり「実体法」でもあると言いました。「実体法」の反対概念は「手続法」です。手続法は、実体法で定められた「請求できる権利」などを実現するための手続に関する法律を言います。

ここでふたたび、カオリさんがユウト君に1万円を貸してあげた場合のことを思い出してください（24ページ）。「消費《しょうひ》貸借《たいしゃく》契約」というお金の貸し借りに関する契約が成立するので、カオリさんにはユウト君に「1万円返して」と「請求できる権利」

が発生すると言いました。こうした「請求できる権利」がどのような場合に発生するかを定めているのが「実体法」である民法です。

しかし、ユウト君に催促しても返してもらえなければ、いくら「請求できる権利」が民法によって発生しているといっても、絵に描いた餅です。そこで、「請求できる権利」を行使しても相手が応じてくれない場合に、権利を実現するための手続を定めたのが「手続法」になります。具体的には、民事裁判、つまり民事訴訟について定めた「民事訴訟法」という法律や、強制執行などの手続を定めた「民事執行法」といった法律です。

このように、他の法律との関係上、民法は「私法の一般法」であり「実体法」と言われています。

すこし概念的な説明になりましたが、いかがでしたでしょうか。民法という法律を知るためには、民法がなにを定めているのかを知ると同時に、他の法律との関係（たくさんある法律の中における民法の位置づけ）を知っておくことが重要です。この時限ではこのあたりを重点的に解説しました。

次の1日目 2時限から4時限では、「請求できる権利」の一生(発生・変更・消滅)について、さらに具体的にお話ししたいと思います。2日目からは、民法が定めている典型的な場面(重要度が高い場面)を一つひとつ個別にみていくことになりますので、次の2時限から4時限までが民法のおおまかな流れになります。おおよその雰囲気をつかんでいただければと思います。

2時限 「請求できる権利」の一生をみてみよう!

「請求できる権利」が発生するのは、どんなとき?

ここからは「請求できる権利」の一生について、さらにくわしくみていきましょう。

「請求できる権利」は、①発生、②変更、③消滅の3段階に分けられることは1時限でお話ししましたね。

まず①の「発生」です。赤ちゃんがオギャーと産声《うぶごえ》をあげて生まれるように、「請求できる権利」にも、権利として発生する瞬間があります。

発生する理由は大きく分けて2つあります。それは「債権」といって「人が人に対してもっている権利」に基づき発生する場合と、「物権」といって「人が物《もの》に対してもっている権利」に基づき発生する場合です。そのなかでもメインになるのは「債権」です。

「債権」が発生する原因は、さらに2つに分かれます。ひとつは「契約」に基づき発生する場合、もうひとつが「契約」がないのに発生する場合です。

まとめましょう。「請求できる権利」が発生するのは、債権に基づく場合と、物権に基づく場合の2つがあり、前者については、さらに契約に基づく場合と、契約以外の原因に基づく場合の2つがあります。おおまかな分類ではありますが、以上の3パターンがあることになるわけです。

【「請求できる権利」が発生する場合】

① 債権に基づく請求：契約に基づくもの （↓56ページ以下）
② 債権に基づく請求：契約以外の原因に基づくもの （↓74ページ以下）
③ 物権に基づく請求 （↓86ページ以下）

契約の成立要件

この3つのうち最も典型的なのが、①の「債権に基づく請求で、契約に基づくもの」です。ひと言で言えば「**契約により発生する場合**」です。

契約というのは、当事者間で取り決めた約束のことです。民法の世界では、「意思表示と意思表示の合致」によって成立すると考えられています。

たとえば、マンションの601号室を所有しているタナカさんが、スズキさんにそれを「3000万円で売ろう」と持ちかけ、スズキさんがその話にのったとします。売り主であるタナカさんの「そのマンションを3000万円で売ろう」という意思表示と、買い主であるスズキさんの「そのマンションを3000万円で買おう」という意思表示が、ぴたりと合っていますよね。これが「意思表示と意思表示の合致」、つまり「契約」です。正確に言うと「売買契約」です（民法555条）。このように「**意思表示と意思表示の合致」があると「契約」は成立します**。そこで「意思表示と意思表示の合致」を「**契約の成立要件**」と言います。

【民法555条　売買】
売買は、当事者の一方がある財産権を相手方に移転することを約し、相手方がこれに対してその代金を支払うことを約することによって、その効力を生ずる。

契約が成立しても効力がない場合がある——契約の客観的有効要件

「意思表示と意思表示の合致」があれば契約は成立する（＝「契約の成立要件」を満たす）わけですが、契約の効力が有効であるためには、さらに「**契約の有効要件**」も満たす必要があります。

有効要件は2つあります。そのひとつは「客観的なもの」で、「**契約の客観的有効要件**」と呼ばれるものです。具体的には、①確定性、②実現可能性、③適法性、④社会的妥当性のすべての要件を満たすことが必要になります。

①「**確定性**」というのは、「なにか売ってください」とか「こんな感じのものを売りましょう」というような漠然としたものではダメだということです。契約の内容が確定できるものでなければ効力は生じないということです。

②「**実現可能性**」があることも必要です。たとえば、火事で消失してしまった家を売る契約というのは有効にはなりません。「昔あそこにあった（いまはない）あの家ですよ、あれを売ってくださいな」「いいでしょう、じゃあ3000万円で」という契約は実現可能性がないので有効になりません。

③「**適法性**」というのは、法律違反（正確に言うと、当事者の合意でも排除できない強行法規の違反）がないことです。たとえば、利息制限法に違反する利息契約は有効になりません。

④「**社会的妥当性**」がない契約も有効にはなりません（民法90条）。たとえば殺人契約は、有効になりません。また、「愛人になってくれたら毎月50万円払おう」という合意（愛人契約）がワタナベさんとナナコさんとの間であったとしても、有効にはなりません。

①から④にいう「有効かどうか」は、裁判所に訴えた場合に「力を貸してくれるかどうか」ということです。たとえば、ワタナベさんとナナコさんが、愛人契約を締結してこれを継続するもしないも、それは2人の自由です。社会的に妥当と言えるかは

ともかく、お互いに愛人契約を続ける続けないは、刑法上の犯罪ではないため国家（警察や検察、裁判官）からとがめられることはありません。しかし、ナナコさんがワタナベさんを訴えたときには、有効と言えるかどうかが問題になります。「契約したのに50万円払ってくれないんですよ」とナナコさんがワタナベさんを裁判所に訴えたとしても、契約は無効と判断されます。「ワタナベさんはその支払いをする必要はありません」ということです。

【民法90条 公序良俗《こうじょりょうぞく》】
公の秩序又は善良の風俗に反する事項を目的とする法律行為は、無効とする。

契約が成立しても効力がない場合がある――契約の主観的有効要件

有効要件のもうひとつは「主観的なもの」で、「契約の主観的有効要件」と呼ばれるものです。意思表示はしたもののほんとうはそんなつもりはなかったような場合、誤解があったような場合、だまされてしてしまった場合などのように、意思表示をした当事者の内心（気持ち）と「外に表示した意思」との間に食い違いがあったときにどうなるか――こういう問題です。意思表示の合致があっても、内心の事情によって契約が無効になったり、取り消されたりすることがあります。こうした要件をまとめて「契約の主観的有効要件」と言います。

具体的には、次の場合です。①**心裡留保**《しんりりゅうほ》（民法93条）、②**虚偽表示**《きょぎひょうじ》（民法94条）、③**錯誤**《さくご》（民法95条）、④**詐欺**（民法96条）、⑤**強迫**（民法96条）、⑥**制限行為能力者で同意等がない場合など**（民法5条、9条、13条、17条）です。

このうち、①②③の3つを「**意思の欠缺**《けんけつ》」と言い、④⑤の2つを「**瑕疵**《かし》**ある意思表示**」と言います。「意思の欠缺」というのは、内心と外に表した意思が合致しないため無効になる場合のこと、「瑕疵ある意思表示」というのは、外に表示した意思の形成過程に瑕疵（キズ）があるため後から取り消される可能性がある場合のことです。一つひとつみていきましょう。

意思の欠缺

「意思の欠缺」のうち、①心裡留保というのは、「心の中で思っていることと外に表示した意思が合致していないことを本人が知っている」場合です。要するにウソをついている状態です。心の中では「オマエなんかに売るわけないだろ」と思っているのに、「1000円で人気アイドルの生写真を売りましょう」などと言う場合、これが心裡留保です。

心裡留保は原則として「有効」です（民法93条本文）。なぜなら、心の中のことまで相手にはわからないからです。もっとも、相手もウソであると知っていた場合や知ることができた場合には、無効になります（民法93条ただし書き）。相手もウソだと知っていた場合やウソだと知ることができた場合には、相手を保護する必要がないからです。

【民法93条　心裡留保】

意思表示は、表意者がその真意ではないことを知ってしたときであっても、そのためにその効力を妨げられない。ただし、相手方が表意者の真意を知り、又は知ることができたときは、その意思表示は、無効とする。

②虚偽表示というのは、「心の中ではそんなことをするつもりはないとお互いにわかっていながら、虚偽の意思を表明し合う」場合です。①心裡留保と違うのは、一方だけがウソをついているのではない点です。②虚偽表示は、当事者双方が了解のもとで、虚偽の外形をつくることです。

たとえば、アツシが借金取りから逃れるために、父親から相続した土地をユミコに売ったことにしたとします。実際にはアツシは売るつもりがなく、ユミコも買うつもりはないのに、ニセの売買契約書をつくり、土地の所有権登記もユミコに移したような場合が虚偽表示に当たります。

こうした虚偽表示は無効になります（民法94条1項）。お互いに真意としては売るつもりも買うつもりもない以上、「外形」どおりの効果を与える必要がないからです。「外形」というのはこの場合、当事者が合意して契約書や登記の移転をしたことです。アツシがユミコに土地を売ったかのような「外形」（一般的にいうと外観）があるという意味です。その外形どおりの効果を与えるべきかどうかを考えたときに、お互いに本当は売るつもりも買うつもりもないことを承知の上で虚偽の契約書や移転登記という外形をつくったのだから、その効果を否定されても仕方がないという論理です。

もっとも、そんなことなどつゆしらないタクローがユミコから土地を買ってしまった場合には（ユミコがわるいのですが）、タクローに土地の所有権が移ることになります（民法94条2項）。虚偽だと知らないで取引をした「善意《ぜんい》の第三者」（タクロー）を保護するためです（「善意」というのは善《よ》い人という意味ではなく、その事実を知らないという意味です）。

> **【民法94条 虚偽表示】**
> 相手方と通じてした虚偽の意思表示は、無効とする。
> 2 前項の規定による意思表示の無効は、善意の第三者に対抗することができない。

※法律の条文では、第1項については「1」と表記せず、第2項以下ではじめて「2」「3」と表記されます。したがって本書では、民法の条文を忠実に引用し、「1」は書きません。

③錯誤というのは、勘違いのことです。「心のなかで思っている」ことと「外に表示した意思」が食いちがっている場合で、かつ「そのことを本人が知らなかった」場合を言います。

①心裡留保と違うのは、食い違いを「本人が知らない」点です。たとえば、書店で『1Q84』の「1巻」を買ったつもりが、実は「2巻」だったことに家に帰ってから気づいたような場合です。

錯誤は、勘違いがなければそのような意思は表示しなかった場合のことなので、原則として無効になります（民法95条本文）。もっとも、少し注意すれば防げたようなミスがあったような場合には無効を主張できなくなります（民法95条ただし書き）。重いミスという意味で、「重過失《じゅうかしつ》」と言います。勘違いだからといってなんでもかんでも後から無効にされてしまっては、有効な取引だと信じた相手の信頼や期待を害するからです。

「1巻」と「2巻」、「上巻」と「下巻」の勘違いというのはありがちですが、本のカバーを見れば「1巻」か「2巻」か、「上巻」か「下巻」かは書いてあるはずですので、不注意のミスだと言われる可能性が高いでしょう（もっとも、書店の側で間違えて買った「2巻」を「1巻」と交換してあげるのはもちろん自由です）。

【民法95条　錯誤】
意思表示は、法律行為の要素に錯誤があったときは、無効とする。ただし、表意者に重大な過失があったときは、表意者は、自らその無効を主張することができない。

瑕疵ある意思表示

「瑕疵ある意思表示」の最初に登場するのが、④詐欺です。詐欺というのは、詐欺師とかペテン師という言葉のとおり、「人をだます」ことです。振り込め詐欺をはじめ、いつの時代も詐欺にまつわる悪行は絶えません。それが刑法の「詐欺罪」の構成要件に該当すればもちろん犯罪になります（刑法246条）。

民法でも、だまされて意思表示をしてしまった人には「取消権」を与えることで、保護が図られています。だまされて意思表示をしてしまった人は（だまされていなければそのような意思表示をしていなかったと言えるのであれば）、後から「なかったことにしてください」と取り消すことができるわけです（民法96条1項）。これを「詐欺取消し」と言います。

もっとも、だまされた人でも「善意の第三者」に対しては詐欺取消しを主張できません（民法96条3項）。モリモトさんがレイコさんの美貌《びぼう》と甘言《かんげん》に惑わされて、レイコさんに破格の安値でマンションを売ってしまったとします。モリモトさんはレイコさんに対しては、詐欺を理由に売買契約を取り消すことができます。

しかし、レイコさんがそのことを知らないカネモトさんにマンションを転売してしまったときには、そうはいかなくなります。モリモトさんは「善意の第三者」であるカネモトさんに対しては、「レイコにだまされた。詐欺なのでマンションは返してください」と言うことはできないのです。

【民法96条　詐欺又は強迫】

詐欺又は強迫による意思表示は、取り消すことができる。
（2項は、略）
3 前二項の規定による詐欺による意思表示の取消しは、善意の第三者に対抗することができない。

⑤強迫をされて意思表示をした場合も同じです。④詐欺を受けて行った意思表示と同様に、取り消すことができます（民法96条1項）。ただし強迫の場合は、「善意の第三者」に対しても取消しを主張できます（民法96条3項反対解釈）。詐欺をされた人には、だまされた点に落ち度がありますが、強迫をされた人には落ち度がないからです。

詐欺や強迫がなくても、後から取り消すことが可能な場合があります。⑥制限行為能力者で同意がない場合などです。制限行為能力者というのは、未成年者《みせいねんしゃ》（20歳未満の人のことです）や前述の成年被後見人《せいねんひこうけんにん》、被保佐人《ひほさにん》、被補助人《ひほじょにん》と呼ばれる人たちのことです（民法4条、5条、9条、13条、17条）。

「未成年者は財産を自由に処分できる」とすると、未熟なのに乗じて財産を奪う悪人が出てきます。未成年者の財産を悪人から保護するため、原則として親権者などの法定代理人（通常は両親〈民法818条〉）の同意が必要になります（民法5条1項本文）。商品の注文書などに、よく「未成年者の場合には保護者のサインと印鑑を押してください」とあるのは、この民法の規定があるからです。ただし、単に権利を得たり、義務を免れたりするだけの場合には、同意は不要とされています（5条1項ただし書き）。たとえば、お年玉や小遣いをもらうような場合、とくに未成年者の財産が害されることはないからです。

「**成年被後見人**」というのはかつて禁治産者《きんちさんしゃ》と呼ばれた人のことで、「**被保佐人**」というのはかつて準禁治産者《じゅんきんちさんしゃ》と呼ばれた人のことです。禁治産者や準禁治産者というのはネーミングがよくない、ということで、2000（平成12）年に民法が改正されたときに名称が改められました。その際、新たに「**被補助人**」というものも創設されました。認知症などのため自分の意思で自分の財産を管理できなくなった方などがこれらに該当します（高齢者でなくても判断能力に問題があるとされた場合には該当することになります）。細かい説明は省略しますが、判断能力の欠如が重い順に、「成年被後見人→被保佐人→被補助人」となり、どれに該当するかは、それぞれの審判の申立てにより家庭裁判所の審判で決められます。その審判は、それぞれ「**後見開始の審判**」（民法7条）、「**保佐開始の審判**」（民法11条）、「**補助開始の審判**」（民法15条）と呼ばれています。これらの審判を受けると、財産を監督する者（成年後見人、保佐人、補助人）の同意等がないままなされた意思表示は取り消される可能性が出てきます（成年被後見人の場合は原則、同意があっても取り消すことができます〈民法9条〉）。

【民法4条　成年】
年齢20歳をもって、成年とする。

【民法5条　未成年者の法律行為】
未成年者が法律行為をするには、その法定代理人の同意を得なければならない。ただし、単に権利を得、又は義務を免れる法律行為については、この限りでない。
2　前項の規定に反する法律行為は、取り消すことができる。
（3項は、略）

【民法7条　後見開始の審判】

精神上の障害により事理を弁識する能力を欠く常況にある者については、家庭裁判所は、本人、配偶者、四親等内の親族、未成年後見人、未成年後見監督人、保佐人、保佐監督人、補助人、補助監督人又は検察官の請求により、後見開始の審判をすることができる。

【民法8条　成年被後見人及び成年後見人】

後見開始の審判を受けた者は、成年被後見人とし、これに成年後見人を付する。

【民法9条　成年被後見人の法律行為】

成年被後見人の法律行為は、取り消すことができる。ただし、日用品の購入その他日常生活に関する行為については、この限りでない。

【民法11条　保佐開始の審判】

精神上の障害により事理を弁識する能力が著しく不十分である者については、家庭裁判所は、本人、配偶者、四親等内の親族、後見人、後見監督人、補助人、補助監督人又は検察官の請求により、保佐開始の審判をすることができる。ただし、第7条に規定する原因がある者については、この限りでない。

【民法12条　被保佐人及び保佐人】

保佐開始の審判を受けた者は、被保佐人とし、これに保佐人を付する。

【民法13条　保佐人の同意を要する行為等】

被保佐人が次に掲げる行為をするには、その保佐人の同意を得なければならない。ただし、第9条ただし書に規定する行為については、この限りでない。

一　元本を領収し、又は利用すること。
二　借財又は保証をすること。
三　不動産その他重要な財産に関する権利の得喪を目的とする行為をすること。

（以下、略）

【民法15条　補助開始の審判】

精神上の障害により事理を弁識する能力が不十分である者については、家庭裁判所は、本人、配偶者、四親等内の親族、後見人、後見監督人、保佐人、保佐監督人又は検察官の請求により、補助開始の審判をすることができる。ただし、第7条又は第11条本文に規定する原因がある者については、この限りでない。

【民法818条　親権者】

成年に達しない子は、父母の親権に服する。

取消しと無効の違いは？

ここで、「瑕疵ある意思表示の場合には取消しができる」という場合の「取消し」の意味と、「意思の欠缺の場合には無効になる」という場合の「無効」の意味について考えてみましょう。この「無効」と「取消し」はどのように違うのでしょうか。

無効とは「法律的な効力が生じない」という意味です。したがって、だれでも、いつでも主張することができます。時効などの概念はありませんし、契約の当事者ではない第三者が無効を主張することも、理論的には可能だとされています。

これに対して、取消しには制約があります。あくまで契約上の効力は生じているため、取り消すことができる権限をもった人（取消権者）が「取り消します」と主張して、はじめてその意思表示がなかったことになります（取り消されると、さかのぼって最初から効力がなかったことになります）。主張できるのは、無効の場合と異なり、取消権者だけです。詐欺や強迫を受けた場合にはその人自身が、未成年者などの制限行為能力者が同意なくして行った意思表示については、本人だけでなく同意をすることができる人（同意権者）などがこれに当たります。同意権者というのは法定代理人のことで、未成年者の場合には親権者、他の制限行為能力者の場合には保佐人、補助人がこれに当たります。成年後見人も取消権者です。

また、無効の場合と異なり、取消しはいつでもできるわけではありません。通常は5年の消滅時効があります（民法126条）。いつまでも取消しができる余地を残してしまうと、法律関係が安定しなくなってしまうからです（法律関係が安定している状態を「法的安定性」と言います。民法はこうした「法的安定性」も考えてつくられています）。

【民法126条　取消権の期間の制限】

取消権は、追認をすることができる時から5年間行使しないときは、時効によって消滅する。行為の時から20年を経過したときも、同様とする。
（注）「追認《ついにん》」とは、あとから「いいですよ」と認めることです。

契約がなくても発生する債権がある――事務管理

契約により「請求できる権利」が発生する場合について話をしてきましたが、民法は、契約がなくても「請求できる権利」として債権が発生する場合をいくつか定めています。多くの債権（人が人に対して特定の行為を請求できる権利）は、契約によって発生します。しかし契約以外の理由でも債権が発生する場合があるのです。

それは次の3つの場合が典型です。

① 事務管理（↓75ページ以下）
② 不当利得（↓78ページ以下）
③ 不法行為（↓81ページ以下）

①事務管理というのは、契約関係もなく、もともとはなんの義務もないなかで、他人の財産の管理などを始めた人に発生する義務のことです（民法697条）。たとえば、あなたのとなりの家族が長期の海外旅行に行っている間に大きな地震が起きたとします。補修工事をしないととなりの家は倒壊寸前です。そこであなたの英断で、自宅の補修工事とともに、となりの家の補修工事もします。あなたはとなりの家の住人から、なんの依頼も受けたわけではありません。

民法はこういう場合でも、事務の管理を始めた人（事務管理者。この場合はあなた）に一定の義務を定めています。それは本人（この場合はとなりの家の住人）の利益に最も適合する方法で事務管理をすべきこと（民法697条1項）、本人の意思がわかるときは、その意思（推知《すいち》できる意思を含む）に従って管理すべきこと（民法697条2項）、事務の管理を始めたことを本人に通知すべきこと（民法699条本文）などです。「本人の意思」または「推知できる意思」とは、あなたが本人の立場で考えて、こうしたいであろうと推測できる気持ちです。「通知」は、海外での連絡先がわかった場合、あなたは地震が起きて倒壊寸前の家屋を守るために補修工事を始めたことを、となりの家の人に通知しなければならない、ということです。

事務管理をしている人が本人のために「有益な費用」の支出をしたときには、その費用を本人に請求することができます（民法702条1項）。この例で言えば、補修工事費用をあなたが業者に支払った場合などです。それが家屋の倒壊を防ぐために「有益な費用」と言えるのであれば、それを留守中のとなりの家の人に支払うよう請求することができます。

「事務管理」についてはほかに、次のような例があります。

あなたは公園でピンクのリボンをつけたプードルの子犬がさまよっているのを見つけ、自宅に連れ帰りました。近所の家のプードルだったのですが、飼い主である住人は不在が続いているようです。飼い主にそのプードルを引き渡すまでの間に、あなたは駅前のペットショップでドッグフードを購入してプードルに食べさせました。この場合、あなたは代金をあとで飼い主に請求できます。

となりの家の人も、プードルの飼い主も、あなたと契約をしたわけではありません。しかしこうした事情があるなかで、よかれと思って事務管理をした人に出費があった場合、事務管理者が本人に費用の請求をできることを、民法は定めているのです。

【民法697条 事務管理】

義務なく他人のために事務の管理を始めた者（以下この章において「管理者」という。）は、その事務の性質に従い、最も本人の利益に適合する方法によって、その事務の管理（以下「事務管理」という。）をしなければならない。

2 管理者は、本人の意思を知っているとき、又はこれを推知することができるときは、その意思に従って事務管理をしなければならない。

【民法699条 管理者の通知義務】

管理者は、事務管理を始めたことを遅滞《ちたい》なく本人に通知しなければならない。ただし、本人が既にこれを知っているときは、この限りでない。

【民法702条 管理者による費用の償還請求等】

管理者は、本人のために有益な費用を支出したときは、本人に対し、その償還《しょうかん》を請求することができる。

（2項以下は、略）

契約がなくても発生する債権がある――不当利得

②不当利得というのは、AさんがBさんに対して、「あなたがそのお金をもっている理由はないので、返してくださいよ」と請求することです。もう少し正確な用語を使うと、「不当利得に基づく返還請求」あるいは「不当利得返還請求」と言います。

理由もなくお金を得たBさんが、そのお金に対して正当な権利をもっているAさんに返すのは当然のことです。ここにいう「理由もなく」というのは、「法律上の原因がない」ことを意味します。

たとえば、振り込め詐欺の被害にあったタカギさんが逮捕された犯人に対して、振り込んだ50万円を返せと請求したとします。詐欺の被害にあった人が、犯人に返金を求めることができるのは当然のことですが、これは、どのような「請求できる権利」によるのでしょうか。

犯人と被害者のタカギさんとの間に契約はありません。犯人はタカギさんのために事務を行ったわけでもありませんから、事務管理にも当たりません。こういった「法律上の原因」がないのに、利得を得ている者がいるときに、その者の利得によって損失をこうむった人が、「利得をわたしに返してください」と請求できるもの。それが「不当利得」です。

【民法７０３条　不当利得の返還義務】
法律上の原因なく他人の財産又は労務によって利益を受け、そのために他人に損失を及ぼした者（以下この章において「受益者」という。）は、その利益の存する限度において、これを返還する義務を負う。

「法律上の原因」がないため、不当利得の返還請求をできるはずのものでも、例外的に請求できない場合があります。「不《ふ》法《ほう》原《げん》因《いん》給《きゅう》付《ふ》」（民法７０８条）の場合です。利得を得ている人と、損失を被っている人がいて、そこに「法律上の原因」がない場合でも、利得を得ている人に給付された原因が「不法」な場合のことです。

たとえば、ナカムラさんが「毎月20万円の手当を払う」という条件で、ミキさんと愛人契約を結んだとします。愛人契約は犯罪ではありませんが、公序良俗《こうじょりょうぞく》に反するので、民法は手を貸してくれません（民法90条）。つまり不法なものです（58ページ参照）。ただし、当事者どうしが愛人関係を続ける分にはもちろん自由です。

だんだん要求がエスカレートしていくミキさんに嫌気がさしてきたナカムラさんが、こう言ったとします。「ミキ、わるいがもうキミとは愛人関係を解消したい。それからいままで払った毎月20万円（3年間の合計720万円）の手当も返してもらえないか」と。

この場合、「法律上の原因」がないお金の受け渡しがあったのですから、先ほどお話しした「不当利得返還請求」に基づいて、ナカムラさんはミキさんに返還請求をできるようにも思えます。

しかし、民法はナカムラさんの言い分を認めません。「そういうあなたも不法なことをしてたんでしょう。わるいがそういう人には民法は手を貸しません」というのが「不法原因給付」です。これを「**クリーンハンズの原則**」と言います。「法は汚れた手の人には手を貸さない」という意味です。

「不当利得」と「不法原因給付」は言葉が似ているので、混同しがちです。原則は**「不当利得」のほうで、「不法原因給付」のほうは例外です。**また、その例としてよく使われるのが愛人契約です。ワンセットでおさえておきましょう。

> **【民法708条 不法原因給付】**
> 不法な原因のために給付をした者は、その給付したものの返還を請求することができない。ただし、不法な原因が受益者についてのみ存したときは、この限りでない。

契約がなくても発生する債権がある——不法行為

③不法行為というのは、加害者の故意《こい》または過失《かしつ》に基づいてなされた行為によって、損害をこうむった被害者が、加害者に損害の回復を求めることができるものです。

「故意」というのは「わざとやったこと」です。なかには犯罪に当たるものもあります。たとえば、あなたが留守の間にカギをこじあけてマンションに侵入した泥棒が、逮捕されたとします。泥棒に対して「おまえが盗んだ現金7万円を返せ」というあなたの請求は、すでにお話しした「不当利得に基づく返還請求」として行うことができます。「法律上の原因」なくして、泥棒があなたの7万円を手にしているからです。

さらにこの泥棒は、あなたの部屋を物色したときに、サイドボードの上に置いてあった時価30万円の骨董品《こっとうひん》が邪魔だったので床にたたきつけて壊していました。この泥棒は、故意に骨董品を壊したことで、あなたに30万円相当の損害を与えたことになります。そこであなたは泥棒に対して、30万円の損害賠償請求をすることができます。

このように、不法行為をした加害者に「故意」があった場合には、損害賠償責任を負うのは当然です。泥棒があなたに働いた悪事を考えれば、どれも当然のことだと思いますよね。

しかし日常生活において問題になる行為の多くは、明確な「故意」があるものではありません。不注意によって他人に損害を与えてしまったようなケースです。これが「過失」による不法行為です。不法行為責任が問われる裁判でよく問題になるのは、加害者に「過失」があったのかどうかという点です。

たとえば、あなたが彼女と夜のドライブを楽しんでいるときに、とつぜん目の前にあらわれた自転車に乗った老女を轢《ひ》いてしまい、老女に全治1か月のけがを負わせたとします。老女は無灯火走行で、かつ信号無視をしていました。一方、あなたは、法定速度を守り、信号も守って安全運転をしていました。

このときあなたに過失があるとされれば、その女性に対して治療費や慰謝料などの損害賠償をしなければなりませんが、無灯火走行で信号無視をした被害者の老女に落ち度があるのは明らかです。このような場合には、その落ち度の割合を、たとえば「あなた2:老女8」というぐあいに数字に置き換えて損害額から差し引きます。これを「過失相殺《かしつそうさい》」と言います(民法722条2項)。加害者にも被害者にも過失があるので、重なり合う部分は相殺してチャラにしましょうというものです。

交通事故に限らず、社会で起きるさまざまなトラブルでは、まったく非がない人に責任を負わせることのないようにする必要があります。そこで、故意でなければ、過失が認定されない限り、不法行為に基づく損害賠償責任は負わないことになっています。これが民法の基本原理のところで登場した「過失責任の原則」です(46ページ参照)。不法行為に基づく損害賠償責任を負うのは、あくまでその人に「過失」がある場合に限られるのです。

ただし、この原則には修正があります。「**使用者責任**」というものです。あとでくわしくお話ししますが(2日目11時限)、これは、従業員が不法行為をした場合に、その使用者(会社)が責任を負うことです(民法715条)。使用者(会社)は従業員を使って利益を得ているので、従業員の不法行為についても責任も負わなければならない――こういう理屈です。これを「**報償責任**《ほうしょう》」と言います。

不法行為に基づく損害賠償は、原則としてすべてお金に置き換えて行われます。交通事故で負った精神的苦痛も、裁判では慰謝料《いしゃりょう》として支払われることになります(民法710条)。先ほどの泥棒の例で、泥棒に骨董品を壊されたら、その時価で換算した30万円を請求できると言いました。損害の回復は、民法ではすべてお金でかたづけるのが原則なのです。これを「**金銭賠償の原則**」と言います(民法722条1項・417条)。

【民法417条　損害賠償の方法】
損害賠償は、別段の意思表示がないときは、金銭をもってその額を定める。
【民法709条　不法行為による損害賠償】
故意又は過失によって他人の権利又は法律上保護される利益を侵害した者は、これによって生じた損害を賠償する責任を負う。
【民法710条　財産以外の損害の賠償】
他人の身体、自由若しくは名誉を侵害した場合又は他人の財産権を侵害した場合のいずれであるかを問わず、前条の規定により損害賠償の責任を負う者は、財産以外の損害に対しても、その賠償をしなければならない。
【民法715条　使用者等の責任】
ある事業のために他人を使用する者は、被用者がその事業の執行について第三者に加えた損害を賠償する責任を負う。ただし、使用者が被用者の選任及びその事業の監督についても相当の注意をしたとき、又は相当の注意をしても損害が生ずべきであったときは、この限りでない。

（2項以下は、略）

【民法722条　損害賠償の方法及び過失相殺】

第417条の規定は、不法行為による損害賠償について準用する。

2　被害者に過失があったときは、裁判所は、これを考慮して、損害賠償の額を定めることができる。

「請求できる権利」が物権から生まれる場合

「請求できる権利」が発生する場合として、ここまで「債権」によるものを挙げてきました。債権というのは、人が人に対して請求できる権利のことでした。債権から発生する「請求できる権利」には、契約によるものと、契約によらないもの（事務管理、不当利得、不法行為など）がありました。

もうひとつ、「請求できる権利」が発生する場合に、「物権《ぶっけん》」によるものがあります。「物権」というのは、人がもの（物）に対してもつ権利のことです。わかりやすい例は、「その土地はだれの名義ですか」「建物はお父さまのものですか、お母さまのものですか」という場合の、土地や建物の「所有権《しょゆうけん》」です。「所有権」というのは、「だれのものか」という権利の所在をあらわすものです。具体的には、①使用、②収益、③処分の3つができる権利のことです（民法206条）。

たとえば、あなたが札幌にある土地と家屋を父親から相続し、単独名義で所有することになった場合を考えてみましょう。あなたは、その家に住んで、庭に桜の木やビワの木を植えることができます。5月には息子のために鯉のぼりを揚げて、ゴルフコンペの前には庭でスイングやパターの練習をすることができます。これが①「**使用**」の具体例です。

あなたは東京に転勤になり、とうぶん札幌に住むことはなくなりました。そこで、土地と家屋を有効活用するために賃貸に出し、そこから毎月賃料や地代を得ようとします。これが②「**収益**」です。そして、札幌に帰る見込みがなくなったため、このまま東京に骨を埋める決心をして、土地と家屋を売却しました。これが③「**処分**」です。

「所有権をもつ」ということは、こうした①使用、②収益、③処分が自由にできるということです。土地・建物の所有権、マンションの区分《くぶん》所有権（マンションなどのように、おおぜいの人が区分された一部の所有権をもって成り立っている場合の、部分的な所有権のこと）など不動産の場合には、法務局の不動産登記記録に所有者が登記されています。ここに「不動産」というのは土地や建物のことです（民法86条1項）。これに対して、不動産以外の財産を「動産《どうさん》」と言います（民法86条2項）。動産の場合は、不動産と異なり、登記などはされないのが原則です（あなたの身のまわりは、本や文房具、カバンなど動産であふれていますが、法務局などに登記や登録はしないですよね）。ただし動産でも、自動車は、陸運局（運輸支局）に所有者が登録されます。船舶にも登録制度があります。

ある対象についての所有権をもつ人は、その対象を勝手に使ったり占拠したりする人が出てきたときに、「やめてください」と「請求できる権利」をもちます。たとえば、あなたが東京転勤になったもののだれにも貸すこともなく、空き家にしておいた札幌の家に、ひさしぶりに戻ったら知らない人が住んでいました。土地・建物ともに所有権はあなたにありますから、この場合、所有権に基づいて「出て行ってください」と主張できます。これを、所有権に基づく「**返還請求権**《へんかんせいきゅうけん》」と言います。

このように、何者かに所有権がおびやかされるような事態が生じた場合、所有権をもつ人は、「返還請求権」にくわえて、「**妨害排除請求権**《ぼうがいはいじょ》」、「**妨害予防請求権**《ぼうがいよぼう》」の３つの権利を行使することができます。

返還請求権は、「返せ」と請求できる権利のこと、妨害排除請求権は、妨害を排除するよう請求できる権利のこと、妨害予防請求権は、侵害されるおそれがあるときに妨害を予防するための措置をとれる権利のことで、この３つを合わせて、「**物権的請求権**」と言います。

このように所有権などの物権からも「請求できる権利」が発生する場合があります。ちなみに、物権の典型例は、これまでお話をしてきた所有権ですが、ほかにもさまざまな物権があります。ただ、本書はあくまで入門書なので、それらについては省きます。まずは「物権＝所有権」というイメージをもっておいてください。ここで細かい物権の種類を知るよりも、そのほうが理解も早いと思います。

また、所有権と聞いて、民法の基本原理の中の「所有権絶対の原則」を思い出した方もいるかもしれません（41ページ参照）。所有権はかくも強いものですが、「例外」

もあります。所有権も、法令の制限がある場合には制約を受けます（民法２０６条）。なお、所有権は２人以上の共同でもつこともできます。これを「共有《きょうゆう》」と言います（民法２４９条）。民法は共有について、いろいろな決まりを定めています（民法２４９条〜２６４条）。ただし、これも細かい話になるので割愛します。

【民法86条　不動産及び動産】
土地及びその定着物は、不動産とする。
2　不動産以外の物は、すべて動産とする。
3　無記名債権は、動産とみなす。
【民法２０６条　所有権の内容】
所有者は、法令の制限内において、自由にその所有物の使用、収益及び処分をする権利を有する。
【民法２４９条　共有物の使用】
各共有者は、共有物の全部について、その持分に応じた使用をすることができる。

3時限　「請求できる権利」は変身する？

「請求できる権利」が変身するとき――①債務不履行

このようにして「請求できる権利」が発生した後で、アクシデントが起きることもあります。なんらかの理由で、「請求できる権利」が実現できなくなってしまう場合です。

次の例で考えてみましょう。

プロ野球ドラゴンズファンのタマオが、東京ドームのジャイアンツ対ドラゴンズ戦の3塁側ドラゴンズ応援席で、たまたまとなりに座っていたユリと意気投合し、かつてドラゴンズに在籍した往年の外国人選手5名のカードを3万円で売ってもらうことになりました。全員直筆のサインまで書かれているとのことで、いまでは手に入らない、貴重なものです。

のどから手が出るほど欲しくなったタマオは、約束の日、神宮球場のレフト側スタンドに行き、スワローズ対ドラゴンズ戦を観戦しながら、ユリを待っていました。試合が始まり、ドラゴンズのラッキーセブンの攻撃になったところで、やっとユリが現れました。

ユリはとなりに座るなり、青ざめた顔でこう言いました。

「実はタバコの火の不始末で家がボヤになってしまって、あなたに売る予定だったカードが5枚とも燃えちゃったのよ」

ドラゴンズの外国人選手がレフトスタンドに満塁ホームランを打ちこんだにもかかわらず、タマオはガックリ肩を落としました……。

このやりとりを、民法の観点からみてみましょう。

タマオとユリの間で、外国人選手のカード5枚を3万円で売り買いする約束がかわされました。これは売買契約です。この契約によって、タマオにはユリに対して「そのカード5枚をぼくにくださいね」と「請求できる権利」が発生しました。逆にユリには、タマオに対して「代金3万円をわたしにちょうだいね」と「請求できる権利」が発生したことになります。しかしユリの火の不始末で、タマオのユリに対する「そのカード5枚をぼくにくださいね」と「請求できる権利」は実現できなくなってしまいました。このように、ある「請求できる権利」が実現できなくなることを「**履行不能**《りこうふのう》」と言います。

履行不能になった場合、タマオには次の2つのことが可能になります。ひとつは「じゃあ、いいです。なかったことにしましょう」と契約をチャラにすることです。これを「**契約の解除**《かいじょ》」と言います。契約の解除は、履行不能について相手に原因がある場合にできます（民法543条）。相手に原因があることを「責《せ》めに帰《き》すべき事由《じゆう》」と言います（略して「**帰責事由**《きせきじゆう》」と言います）。

もうひとつは、相手に損害賠償の請求をすることです。これを「債務不履行に基づく損害賠償請求」と言います（民法415条）。タマオはカードを入手できることを前提に、カードを保管するアルバムを買っていたとします。しかも、そこにあらかじめ5人の外国人選手の名前をブルーの油性マジックで書いて、準備万端整えていました。しかし、カードが手に入らなくなったいまとなっては、このアルバムはムダになります。そこでタマオは、このアルバムの代金について、ユリに対し損害の賠償を求めることができます。

　こういうことが起きないよう、民法はひとつしかないもの（これを「特定物《とくていぶつ》」と言い、ユリのカードも「特定物」です。これに対して大量生産されているように代替がきくもので、特にこれと指定していないものを「不特定物《ふとくていぶつ》」と言います）を引き渡す義務がある人には、「入念な注意をして管理をしてくださいね」という義務を与えています。これを「**善管注意《ぜんかんちゅうい》義務《ぎむ》**」と言います。善良なる管理者の注意義務という意味です（民法400条）。ユリがタバコの火の不始末でカードを燃やしてしまったことは、この「善管注意義務」違反になります。

　このように「請求できる権利」は、あとでトラブルが起きた場合に、損害賠償請求権という別の権利に化けることがあります。もともとあった「請求できる権利」が損害賠償請求権に変身することを「**損害賠償請求権に転化《てんか》する**」と言います。これが

「請求できる権利」が変更になる場合です。

なお、履行不能の原因が相手にある場合、債務不履行の問題になると言いました。債務不履行には、3つの種類があると言われています。それは、①履行遅滞《りこうちたい》、②履行不能、③不完全履行《ふかんぜんりこう》です。

①**履行遅滞**というのは期限を過ぎても履行がない場合です。たとえば、あなたがナスさんに10万円を貸したとします。平成24年5月10日までに10万円を返すという約束をしていたのですが、平成24年の5月11日になっても返してもらえません。期限に遅れただけで、10万円を返すことはなんらかの方法で実現可能なわけですから、依然として10万円の返済を「請求できる権利」はあなたに残ります。ただし、遅れた分については、**遅延利息**《ちえんりそく》が発生するのが通常です（利息について約束がない場合、民法は年5分《ごぶ》〈5％のこと〉の利息を定めています。これを「**法定利息**《ほうていりそく》」と言います。当事者で話し合って決めた利息がある場合、利息制限法などに違反しない限りは、年5％より高くても有効です。これを「**約定利息**《やくじょうりそく》」と言います）。

②**履行不能**というのは、すでにお話ししたように、「請求できる権利」の実現が不

可能になった場合です。さきほどのカード5枚が燃えたような例です。この場合には、契約を解除し、さらに損害賠償を請求できるのが通常です。

③不完全履行というのは、「請求できる権利」について、文字どおり「一部が満たされただけで、約束どおりに満たされたわけではない」（不完全な）場合です。たとえば、あなたが電話でディスカウントストアに、びん入りのぶどうジュースを10本注文したのに、配達された10本のうち、1本はびんが割れてジュースがこぼれていた場合などです。この場合、足りない部分についてさらに「請求できる権利」が残ります。「まだ1本足りませんよ」「不完全な履行ですよ」ということで、さらに請求ができます。

【民法４００条　特定物の引渡しの場合の注意義務】
債権の目的が特定物の引渡しであるときは、債務者は、その引渡しをするまで、善良な管理者の注意をもって、その物を保存しなければならない。

【民法４０４条　法定利率】
利息を生ずべき債権について別段の意思表示がないときは、その利率は、年五分とする。

【民法412条　履行期と履行遅滞】

債務の履行について確定期限があるときは、債務者は、その期限の到来した時から遅滞の責任を負う。

（2項以下は、略）

【民法415条　債務不履行による損害賠償】

債務者がその債務の本旨《ほんし》に従った履行をしないときは、債権者は、これによって生じた損害の賠償を請求することができる。債務者の責めに帰すべき事由によって履行をすることができなくなったときも、同様とする。

【民法543条　履行不能による解除権】

履行の全部又は一部が不能となったときは、債権者は、契約の解除をすることができる。ただし、その債務の不履行が債務者の責めに帰することができない事由によるものであるときは、この限りでない。

「請求できる権利」が変身するとき――②危険負担

履行不能になった場合で、相手に「責めに帰すべき事由」（帰責事由）があるときに、債務不履行の問題が起きると言いました（債務不履行には①履行遅滞、②履行不能、③不完全履行があり、解除や損害賠償請求ができるというお話をしました）。

では、履行不能になったことについて、「相手に帰責事由がない」場合はどうなるのでしょう。自然災害など抗《あらが》うことができない事情（「不可抗力《ふかこうりょく》」と言います）によって、「請求できる権利」の実現が不可能になった場合などです。

たとえば、さきほどの「ドラゴンズの外国人選手のサイン入りカード5枚が燃えちゃった事件」で考えてみましょう。カードが燃えてなくなってしまった原因が、じつはユリの火の不始末ではなかったとします。

ユリはそのカード5枚をタマオに渡すために、机の引出しにカギをかけ、中が見えないケースにきれいにしまい保管をしていました。ところが、ユリが仕事をしている間になんと放火されてしまったのです。カード5枚はぜんぶ燃えてしまい、タマオにとって、カード5枚を渡すよう「請求できる権利」は実現が不可能になりました。しかし他方で、相手（ユリ）を責められる事情もありません。

　このように履行不能について、相手に「責めに帰すべき事由」（帰責事由）がない場合、もうひとつの債権（ユリがタマオに代金3万円を払ってねと「請求できる権利」）はどうなるのでしょうか？　これを民法は「危険負担《きけんふたん》」という括《くく》りでルールを定めています。「危険負担」とは、不可抗力による履行不能について、どちらが危険（リスク）を負うかということです。

　まずその前提として、タマオにとって、カード5枚をユリに「請求できる権利」は消滅しています。これがユリの火の不始末によるものなら、責任はユリの側にあるので、「請求できる権利」は「損害賠償請求権」（債務不履行に基づく損害賠償請求権）に変身しました（あるいは解除で契約をチャラにすることができました）。

　しかし、カードの焼失が第三者の放火によるものなら、ユリに責任はないので、タマオの「請求できる権利」が「損害賠償請求権」に変身することもありません。あとは代金債権（3万円払えと「請求できる権利」）が残るのか、消えるのか、それだけになります。

この点について、民法は目的物が「特定物」かどうかによって、ルールを使い分けています。サイン入りのドラゴンズの外国人選手のカード5枚のように、ほかにない「特定物」の場合は、買った人が「危険を負う」とされています。この例で「危険を負う」というのは、「代金債権は消えず」に残るということ。つまり、民法のルールにしたがえば、タマオはなにももらえなかったのに、代金3万円は払わないといけないということです。不条理だと思われる方もいると思います。ただしこれは、売買契約をした当事者どうしで、なにも取り決めをしていなかった場合です。この場合、お互いに話し合いをして、「チャラにしましょう」というのも、もちろんアリです。「契約自由の原則」があるからです。

しかしユリとしても、3万円もらえると思っていたのに、放火されたがために家にあった現金は燃えてしまい、これから新しいマンションを探すのにたくさんのお金もかかるとなれば、ふんだりけったりです。タマオとはちゃんと契約をして、大切にカードを保管していたのだから、約束どおり3万円はもらいたい、と考えるかもしれません。

その場合には民法の規定では、代金債権が消滅しないので、ユリはニッコリしながら「ごめんね。3万円払ってね」と言えるのです。これを「**危険負担の債権者主義**」と言います（民法534条）。「請求できる権利」をもっていた人（債権者。この場合タマオ）が、それが不可能になったことの危険を負うということです。

これに対して、不特定物の場合（かつ、まだ「これを渡しますよ」という特定〈取り分け〉がなされていない場合）などでは、代金債権もなくなります。これを「**危険負担の債務者主義**」と言います（民法536条1項）。引き渡しをする義務（債務）を負っていたユリのほうが、これが不可能になったことによる危険を負うということです。この債務者主義が適用される場合には、「引渡しを請求できる権利」も「代金を請求できる権利」もともになくなります（いわば公平に処理がなされることになります）。公平な処理なので、こちらのほうが民法における原則です。どちらもわるくないのだから、チャラにしましょうということです。

ただし、タマオとユリとの間で取り引きされたような代替性のないものや、土地・建物などの特定物の場合（あるいは不特定物でも引き渡すべきものを取り分けて特定した場合）には、例外的に債権者主義がとられ、「代金を請求できる権利」が消えずに残るのです。この場合、危険が債権者に移動していた、と民法は考えているのです。

【民法４０１条　種類債権】

債権の目的物を種類のみで指定した場合において、法律行為の性質又は当事者の意思によってその品質を定めることができないときは、債務者は、中等の品質を有する物を給付しなければならない。

２　前項の場合において、債務者が物の給付をするのに必要な行為を完了し、又は債権者の同意を得てその給付すべき物を指定したときは、以後その物を債権の目的物とする。

【民法５３４条　債権者の危険負担】

特定物に関する物権の設定又は移転を双務契約の目的とした場合において、その物が債務者の責めに帰することができない事由によって滅失し、又は損傷したときは、その滅失又は損傷は、債権者の負担に帰する。

2　不特定物に関する契約については、第401条第2項の規定によりその物が確定した時から、前項の規定を適用する。

【民法536条　債務者の危険負担等】

前二条に規定する場合を除き、当事者双方の責めに帰することができない事由によって債務を履行することができなくなったときは、債務者は、反対給付を受ける権利を有しない。

（2項は、略）

4時限　「請求できる権利」は消滅する？

「請求できる権利」が消滅するとき——①弁済

「請求できる権利」が消滅する典型は「弁済《べんさい》」です。弁済というのは、「請求できる権利」のとおりの履行が行われることで、その権利を満足させることです。と言ってもピンとこないかもしれないので、3時限（91ページ以下）で話題にしたドラゴンズの外国人選手のカードが燃えなかった場合で考えてみましょう。

タマオは神宮球場のレフトスタンドで、夢にまでみたプレミアムカードをユリから受け取りました。その代金としてタマオはユリに1万円札3枚を渡しました。これが「弁済」です。タマオがユリに対して「そのプレミアムカード5枚ください」と「請求できる権利」は、約束どおり実行されることで満足して消滅します。同時に、ユリがタマオに対して「代金３万円ちょうだいね」と「請求できる権利」も履行されました。したがってユリの３万円を「請求できる権利」も満足して消滅します。

こうしてつつがなく約束の履行がなされてチャンチャン、美しくすっきりしたエンディングですよね。これが「弁済」です。弁済は「請求できる権利」を消滅させる典型例です。

弁済は第三者がすることもできます。一緒に神宮球場に野球をみにきていたタマオのお兄さんが、カードの代金３万円をユリに払ったとします。この場合でもユリがタマオに対して「代金３万円ちょうだいね」と「請求できる権利」は満足して消滅します。

ただし弁済をする場合には、どういうつもりで渡したお金なのかを明確にする必要があります。一緒にいたタマオのお兄さんがユリにお小遣いとして３万円をあげたのだとしたら、それはユリがタマオのお兄さんからもらったお金です（このように、タダでものをあげる契約を「**贈与《ぞうよ》契約**」と言います〈民法５４９条〉）。贈与として３万円をあげたのだとすれば、依然としてユリはカードの代金３万円をタマオに請求できます。第三者が行う弁済を「第三者弁済」（民法474条）と言いますが、第三者弁済も弁済なので、有効になるためには、どういうつもりの支払いであるのかということを相手にきちんと伝えて行う必要があるのです。

この「第三者弁済」は、弁済をすべき本人（債務者）の意思に反して行うことはできません。タマオが「兄さん、これは僕が払うものなんだ。余計なことはしないでよ」と言ったときには、本人（債務者）であるタマオの意思を尊重しようということです。

【民法474条　第三者の弁済】

債務の弁済は、第三者もすることができる。ただし、その債務の性質がこれを許さないとき、又は当事者が反対の意思を表示したときは、この限りでない。

2　利害関係を有しない第三者は、債務者の意思に反して弁済をすることができない。

【民法549条　贈与】

贈与は、当事者の一方が自己の財産を無償で相手方に与える意思を表示し、相手方が受諾をすることによって、その効力を生ずる。

「請求できる権利」が消滅するとき――②相殺

弁済に似たものに「相殺《そうさい》」があります。よく使われる言葉なので、イメージできる方も多いと思います。

これを民法の概念として説明すると、「請求できる権利」と「請求できる権利」が当事者間で対立している場合、その重なり合う部分（対当額《たいとうがく》）でそれぞれの「請求できる権利」を消滅させることです（民法505条）。

しつこいかもしれませんが、プレミアムカードの例で考えてみましょう。タマオがユリからプレミアムカード5枚を受け取りました。ここでタマオはユリに代金3万円を支払わなければなりません。ユリからすると、タマオに対して「代金3万円ちょうだいね」と「請求できる権利」があるわけです。ここで3万円を支払うのが「弁済」でした。

相殺は直接3万円を支払うわけではありません。じつはタマオとユリは野球観戦の後、近くの居酒屋でお酒を飲みました。ドラゴンズファンどうし話がおおいに盛り上がり、店を出たときには終電が出た後でした。お互いにそれぞれタクシーで帰ることにしたのですが、ユリの持ち合わせでは千葉まで帰るには足りません。そこでタマオは3万円を貸してあげました。

そうすると、タマオはユリに対してお金を貸したことで（消《しょう》費《ひ》貸《たい》借《しゃく》契《けい》約《やく》に基づき）「3万円返してくださいね」と「請求できる権利」をもち、他方でユリはタマオに対してプレミアムカードを売ったことで（売買契約に基づき）「代金3万円（を支払って）ちょうだいね」と「請求できる権利」をもっていることになります。お互いに同じ金額の支払い義務があるので、「じゃあ相殺させてください」といってチャラにするのが「相殺」です。

本来は、別々の機会になされた契約です。ユリは借りた3万円をタマオに返さなければなりませんし、タマオはユリに代金3万円を支払わなければなりません。けれど3万円渡して、3万円もらうのはめんどうです。そこで、同時に消滅させてしまおう、というのが「相殺」です。

もっとも、どんな場合でも相殺ができるわけではありません。一方の「請求できる権利」がまだ履行期（支払う時期）になっていない段階では、相手に相殺を強《し》いることはできません。まだ支払う必要がないものの支払いを、強いられる理由はないからです。たとえば、ユリが借りた３万円は、12月１日までに返す約束だったとします。プレミアムカードの代金３万円は受け渡しの場で払う必要があったとします（なにも取り決めがない場合、売買代金は目的物の引渡しと同時《どうじ》に履行《りこう》しなければならないのが原則です〈民法５３３条〉）。そのときにユリのほうから相殺を主張して両方の「請求できる権利」を消滅させることはできます。債務者の側が「期限の利益」を放棄するのは自由だからです（民法１３６条22項）。しかし、債権者であるタマオのほうから相殺を主張することはできません。債務者であるユリは、12月１日まで借りた３万円は返さなくてよいという利益（期限の利益）をもっているからです。

相殺が禁止される場合はほかにもあります。「不法行為に基づく損害賠償請求権」について、加害者の側から、被害者に対してもっている別の金銭債権で相殺しようとする場合です（民法５０９条）。

これを許してしまうと、お金を返さない債務者がいた場合に、債権者が債務者を車ではねてその賠償金と貸付金を相殺する、といった腹いせが行われるおそれもあります（不法行為の誘発）。そこで民法は、こうした相殺を禁止しているのです。

「相殺」は原則として重なり合う金額（対当額）の範囲内であれば可能ですが、相殺が禁止されている債権もあります。これを「**相殺禁止債権**」と言います。たとえば、給与や生活保護費など（全額ではなく一部ですが）の差押えが禁止されている債権（**差押禁止債権**）については、最低限の生活保障のためのものですから、この債権の支払いをする人のほうから相殺を求めることはできません（民法510条）。

【民法136条　期限の利益及びその放棄】

期限は、債務者の利益のために定めたものと推定する。

2　期限の利益は、放棄することができる。ただし、これによって相手方の利益を害することはできない。

【民法505条　相殺の要件等】

二人が互いに同種の目的を有する債務を負担する場合において、双方の債務が弁済期にあるときは、各債務者は、その対当額について相殺によってその債務を免れることができる。ただし、債務の性質がこれを許さないときは、この限りでない。

（2項は、略）

【民法509条　不法行為により生じた債権を受働債権とする相殺の禁止】

債務が不法行為によって生じたときは、その債務者は、相殺をもって債権者に対抗することができない。

【民法510条　差押禁止債権を受働債権とする相殺の禁止】

債権が差押えを禁じたものであるときは、その債務者は、相殺をもって債権者に対抗することができない。

【民法533条　同時履行の抗弁】

双務契約の当事者の一方は、相手方がその債務の履行を提供するまでは、自己の債務の履行を拒むことができる。ただし、相手方の債務が弁済期にないときは、この限りでない。

「請求できる権利」が消滅するとき――③消滅時効

「請求できる権利」が消滅する場合としては、**消滅時効の援用《えんよう》**（主張すること）もあります（民法145条）。消滅時効というのは、「請求できる権利」を行使しないまま一定期間が過ぎた場合に、「もうその権利は使えません」とする制度です。刑事事件でも「公訴時効《こうそじこう》」といって、犯罪ごとに一定期間が経過すると訴追《そつい》することができなくなるものがあります（刑事訴訟法250条）。これには、時間がたつと証拠が散逸《さんいつ》することや、長い間なにもおとがめがなかったことについて法的安定性を図るという意味もあります。加えて、民法では、「**権利のうえに眠るものは保護せず**」という考えがあります。

たとえば、ヨシダさんが友人のタナカさんから5万円を借りたとします。その後「返してくれよ」とタナカさんから請求されることは一度もないままに15年が過ぎました。そんなとき夜の銀座でタナカさんにばったり会いました。そのときにヨシダさんがタナカさんから「そういや15年前に貸した5万円あったよな。あれをいま返してくれないか。飲み代が足りなくなってね。わるいな」と言われたらどうでしょう？ あまりに古い話で、記憶がさだかでないかもしれません。返したような、返してないような、よく思い出せない状況かもしれません。当然ながら借りたことの証拠も、返したことの証拠もどちらもありません。

民法はこういう場合には（タナカさんから5万円を借りていたとしても）、ヨシダさんが消滅時効を援用すれば返さなくていいとしています。消滅時効を援用することで、タナカさんがヨシダさんに5万円返せと「請求できる権利」は消滅するのです。

こうした一般の人どうしのあいだの債権（「民事債権」）は、原則として10年で消滅時効にかかります（民法１６７条１項）。ただし会社やビジネスに関係して発生した債権（「商事債権」）は、5年の短期消滅時効にかかります（商法５２２条本文）。これは、商法という「特別法」が、民法という「一般法」に優先しており、「特別法は一般法を破る」例と言えます（50ページ参照）。また一般の人どうしの債権（「民事債権」）でも、民法は10年より短い期間で消滅する**短期消滅時効**にかかる場合を定めています（民法１６９条～１７４条）。たとえば、病院の診療費用は3年で、旅館の宿泊料やレストランなどの飲食代金は1年で消滅時効にかかります（民法170条1号、174条4号）。

権利のうえに眠るものは保護されない――これが消滅時効という制度です。ただし、何度も督促《とくそく》するなど権利を行使していたのに弁済してもらえないまま時間がたった、という場合には、さすがに「あなたは権利のうえに眠っていましたね」とは言えません。この場合には「**時効の中断**」（民法147条）といって、これまでの消滅時効の期間は「なし」になります。そして中断をしたときから、消滅時効の期間が再びスタートすることになります。リセットして、計算をし直すという意味です。

たとえば先ほどの例で、タナカさんが5万円を返済する期限だった日から9年と11か月がたってからヨシダさんに「返して下さい」と請求をしてきたとします。これに対して、ヨシダさんが文書で「たしかにあなたから5万円を借りたけど、いまお金がないんでもう少し待ってもらえませんか」と返事をしたとします。

このように自分に債務があることを認めることを「**債務《さいむ》の承認《しょうにん》**」と言います。「債務の承認」があった場合には消滅時効は中断します（民法147条3号）。中断すると、そこからさらに消滅時効の10年という期間がスタートします。したがって、ヨシダさんが5万円を返済すべき期限から10年を経過したとしても、「債務の承認」によって時効が中断した場合、タナカさんからの請求を拒否することはできません。その「債務の承認」から中断することなく再び10年を経過して初めて、タナカさんがヨシダさんに「5万円返してよ」と「請求できる権利」の消滅時効が完成するのです。

消滅時効が完成した場合でも、ヨシダさんがそれを援用しないのは自由です。「タナカさんは古い友人だし、借りたのは事実だ。民法に消滅時効があるのかもしれないけど、お金を借りておきながら時効だから返さないなんて、僕にはそんなことはとてもできない」というのであれば、消滅時効を援用しなければよいです。その場合タナカさんがヨシダさんに「5万円返してよ」と「請求できる権利」は消滅しません。ヨシダさんはタナカさんに5万円を返す義務が残るわけです。

消滅時効という制度を知らない方は、意外と多くいらっしゃいます。自分の身を守るためにも、知っておくべきでしょう。もし、あなたが誰かからお金を借りていたり、飲食店の代金を請求書で支払うことにした場合、ある程度時間がたってから請求を受けたときには、消滅時効にかかっていないかをチェックしたほうがよいです。消滅時効にかかっていれば、支払う必要はなくなります。

たとえば、飲食店の代金やホテルの宿泊料は、わずか1年で消滅時効にかかるのです（民法174条4号）。ただし「債務の承認」をするなど時効中断が起きている場合には、そうはなりませんから注意が必要です。逆に、あなたが請求する側に立っている場合には、支払期限から時間が経過しているものについては、短期消滅時効にかかっていないかをチェックしましょう。消滅時効にかかる前に催促をして、それでも支払ってもらえないようなときには、時効を中断させる措置をとっておくことが重要です。

【民法145条　時効の援用】

時効は、当事者が援用しなければ、裁判所がこれによって裁判をすることができない。

【民法147条　時効の中断事由】

時効は、次に掲げる事由によって中断する。

一　請求
二　差押え、仮差押え又は仮処分
三　承認

【民法167条　債権等の消滅時効】

債権は、10年間行使しないときは、消滅する。
（2項は、略）

【民法170条　3年の短期消滅時効】

次に掲げる債権は、3年間行使しないときは、消滅する。ただし、第2号に掲げる債権の時効は、同号の工事が終了した時から起算する。
一　医師、助産師又は薬剤師の診療、助産又は調剤に関する債権
二　工事の設計、施工又は監理を業とする者の工事に関する債権

【民法174条　1年の短期消滅時効】

次に掲げる債権は、1年間行使しないときは、消滅する。
一　月又はこれより短い期間によって定めた使用人の給料に係る債権

二　自己の労力の提供又は演芸を業とする者の報酬又はその供給した物の代価に係る債権

三　運送賃に係る債権

四　旅館、料理店、飲食店、貸席又は娯楽場の宿泊料、飲食料、席料、入場料、消費物の代価又は立替金に係る債権

五　動産の損料に係る債権

【商法522条　商事消滅時効】

商行為によって生じた債権は、この法律に別段の定めがある場合を除き、5年間行使しないときは、時効によって消滅する。ただし、他の法令に5年間より短い時効期間の定めがあるときは、その定めるところによる。

【刑事訴訟法250条　公訴時効の期間】

時効は、人を死亡させた罪であつて禁錮以上の刑に当たるもの（死刑に当たるものを除く。）については、次に掲げる期間を経過することによつて完成する。

一　無期の懲役又は禁錮に当たる罪については30年

二 長期20年の懲役又は禁錮に当たる罪については20年
三 前2号に掲げる罪以外の罪については10年
2 時効は、人を死亡させた罪であって禁錮以上の刑に当たるもの以外の罪については、次に掲げる期間を経過することによって完成する。
一 死刑に当たる罪については25年
（2号以下は、略）

これで民法の基本についてのお話は終わりです。「**請求できる権利**」がどのような場合に**発生し、変更し、消滅するのか。民法はそのことを定めています。**雰囲気はおわかりいただけましたでしょうか。「なんとなくわかってきたぞ」というあなたは、相当なセンスがある方だと思います（これからが楽しみですね）。「まだわかったようでよくわからないんだけど」という正直なあなた。心配する必要はまったくありません。

明日の2日目は、さらに具体的なお話をします。そのなかで、今日の1日目でお話しした基本的なことは繰り返し説明をしていきます。

　2日目は、あなたに民法について、より具体的なイメージをもっていただくためのパートです。そこで、小説のような（物語のような）ストーリー形式をとることにしました。民法ワールドを、ハラハラドキドキしながら味わってみてください。物語を楽しんでいただくだけで十分です。読み終わるころには自然と、民法の基本的な知識や考え方が身についているはずです。

2日目　実例にあたってみよう！

——楽しんで下さい

【2日目のポイント】
ここでも、わからない用語や言葉があっても読み進めてかまいません。
勉強が進んでいる方は、次の点に注意すると気づきがあるかもしれません。
① 原則と例外
② 第三者が登場した場合どうなるか？

1時限　ウソの売買契約は有効か？——通謀虚偽表示と第三者（総則）

【ケース1】

アヤコは都内でアパレル関係の仕事をしています。専門学校を卒業して3年。その間に貯金はほとんどなく、旅行などの趣味にお金を使ってきました。大学を卒業したばかりの同い年の彼との旅行は国内で、いつも割《わ》り勘《かん》です。割り勘どころか今年の3月まで彼は学生だったので、社会人のアヤコのほうがお金を出してあげることもありました。

アヤコは仕事のストレスからか、月末になると無性に買い物がしたくなります。幸いクレジットカードがあるので、現金がなくても好きなものが買えます。アヤコは買い物の衝動にかられると、好きなブランドのお店がたくさんあるデパートに行き、女性誌に載っている最新のファッションを次から次へと自分のものにしていきました。

あるとき、アヤコはたいへんな状況に陥りました。洋服の買いすぎでクレジット会社からたくさんの請求書が届いたのです。いまの給料ではとてもそのすべてを返済することができません。このままだとクレジット会社から差押えを受けたり、裁判を起こされたりしそうです。アヤコには貯金はほとんどありません。もちろん彼にお金の相談をすることはできませんでした。

アヤコがいま一人暮らしをしている都心の3ＬＤＫのマンションは、彼女の名義になっていました。仕事の関係で両親は数年前からフランスに住んでいるのですが、60を過ぎたお父さんがアヤコに昨年、生前贈与をしてくれたのです。相続税対策とかいろいろ理由があったようですが、くわしいことはわかりません。とにかくアヤコにはそれなりの財産があったのです。

問題なのはなまじ不動産があることで、差押えをされる危険があることです。法律のことはよくわかりません。ただなんとなくまずいことはアヤコにもわかりました。

そこでアヤコは彼に頼んで、アヤコのマンションを彼に売ったことにしてもらうことにしました。

渋谷の喫茶店で最初にそれを聞いた彼は、飲みかけのアイスティーのグラスをテーブルに倒してしまいました。

「オレそんな金ないよ」

ズボンをふきながら彼がそう言うと、アヤコは次のように返しました。

「違うの、お金はいらないの。といってもマンションをあなたにあげるんじゃないわよ。わたしからあなたに売ったことにしてもらいたいの。ほら、ここに不動産売買契約書があるわ。ネットで探してプリントアウトしたの。これにわたしとあなたがサインをしてハンコを押せば、ね。わたしがあなたにマンションを売ったことになるでしょう。でもほんとうはわたしのものだから、お金なんてあなたが払う必要ないの。カード会社の返済が終わったらもとに戻せばいいの。名案でしょ」

アヤコはうろたえる彼を説得し、最終的には納得させて、契約書にサインをさせてハンコを押させました。

これでオッケーと微笑んだアヤコは、その日のうちにお気に入りのショップで好きな洋服をたくさん買いこみ家路につきました。こうして、あっという間にクレジット会社の請求額が増えていきました。

そしてついにクレジット会社から、アヤコのマンションを差し押えるという通知が届いたのです。

ついに来ちゃった。でも大丈夫。差押えにきたらこういえばいいんだわ。

「ごめんなさい。このマンションじつは渡《わたし》野《の》飯成《いいなり》さんに売ってしまったの。ウソじゃないわ。ほら、みてください。ここに売買契約書がありますでしょ。もうこのマンションは渡野さんのものなんです。クレジットカードを使って買い物をしたのはわたしですから、渡野さんの財産を差し押えることはできませんでしょう」

こんなことが通用するのでしょうか。

通謀虚偽表示

先に正解を言いますと、「通用しません」。なぜなら、アヤコと渡野との売買契約は「通謀虚偽表示《つうぼうきょぎひょうじ》」として無効になるからです。

通謀虚偽表示というのは、前に「虚偽表示」としてお話ししましたが（62ページ参照）、お互いにウソとわかっていながら行う意思表示のことでした。お互いにウソとわかって、ほんとうは売る意思も買う意思もないのですから、その契約に効力は与えられません。無効になります。これが通謀虚偽表示です（民法94条1項）。アヤコが働かせたような悪知恵は、民法に保護してもらえないのです。

もっとも、通謀虚偽表示でも例外的に有効とされる場合があります。それは「善意《ぜんい》の第三者」が登場した場合です。「善意の第三者」というのは、その事実（通謀虚偽表示の事実）を知らないで取引をしてしまった第三者のことを言います。

たとえば、渡野がアヤコから買ったマンションを、ウソの契約であることを知らないPさんに転売してしまったとします。渡野はマンションをPさんに売れば大金が入るので、それでアヤコの借金を返済してあげようと思ったのです。

Pさんは渡野とマンションの売買契約を結びました。このときPさんはマンションをほんとうに手にすることができるでしょうか？

これも答えを先に言うと、原則は「できません」。なぜなら、そもそもこのマンションの所有権（正確にはマンションの一部屋なので「区分《くぶん》所有権」と言います。87ページ参照）はアヤコから渡野に移っていないので（通謀虚偽表示で無効）、マンションの所有権（区分所有権）をもっていない渡野がこのマンションの所有権（区分所有権）を移転させることは、アヤコの了承を得ないかぎりできないからです（これを「他人物売買《たにんぶつばいばい》」と言います。これについては8時限でお話しします）。また、仮に売ることができたとしても、アヤコのもとにあるマンションの所有権（区分所有権）が、アヤコの承諾なく渡野の独断で第三者に移ることはないはずだからです。

「善意の第三者」は救われる？

しかし、これではなにも知らない「善意の第三者」であるPさんがかわいそうです。すでにPさんは住んでいた家を売り払って引越しの準備までしていたのですから。

そこで民法は、通謀虚偽表示があったことを知らないで取引をした「善意の第三者」に対しては、通謀虚偽表示をした者が「通謀虚偽表示で無効なんです」と主張することはできないと定めています（民法94条2項）。

アヤコが「これはわたしのものです。渡野さんが勝手なことしたみたいですけど、わたしと渡野さんの売買契約は通謀虚偽表示で無効なんです。ごめんなさいね」とPさんに主張することはできないのです（ただし「善意の第三者」に当たることは、それを主張する人が自ら立証しなければなりません。「アヤコさんと渡野さんとの間の売買契約書が、虚偽表示だったなんて知りませんでした」ということは、Pさんが自分で立証する必要があります）。

Pさんが「善意の第三者」であると立証されると、マンションはPさんのものになります。渡野とPさんの売買契約が有効になるので、渡野はPさんから売買代金をもらうことができます。渡野にとってはラッキーな話にもみえますが、アヤコはマンションを失うので部屋から出て行かなくてはなりません。クレジットカード会社からの請求はそのまま残りますし、アヤコにとってはふんだりけったりでしょう。

アヤコは渡野に「なにあなた勝手なことしてるのよ。わたしのマンション返してよ。返せないなら賠償してよ」と言うことができます。アヤコと渡野の売買契約は、当事者どうしの間では通謀虚偽表示で無効なので、マンションの区分所有権が渡野には移転していないはずだからです。つまり、アヤコのものを渡野が勝手に売ったことになるからです。そうすると、「わるかった。ごめん」ということでPさんにマンションを売ったことでもらった代金相当額などを、渡野がアヤコに支払うことになります。

結局、アヤコがPさんにマンションを売ったのと同じような結果が起きるわけです。しかしもとをただせば、アヤコが悪知恵を働かせて、渡野にマンションを売ったことにしようと考えたことが原因です。民法は自分に原因があって起こした事象については、基本的にその人に責任を負わせるようにしています。また、なにも知らないで取引をした「善意の第三者」はなるべく保護されるようにしています。

民法の考え方（利益衡量）

私人どうしの取引について民法は、それぞれの行為や利益を天秤《てんびん》にかけ、「だれが一番かわいそうか」（だれに責任があるか）といったことを考えています。このように天秤にかけて結論を出す考え方を「利益衡量《りえきこうりょう》」などと言ったりします。

通謀虚偽表示のようなお互いにウソをついているケースでは、その契約に効力を与えず無効とすることで、民法は真意どおりの効果を与えるようにしています（民法94条1項）。

しかし他方で、こうした通謀虚偽表示があったことをなにも知らないで取引をしてしまった「善意の第三者」が登場したときには、「善意の第三者」を保護するようにしています（民法94条2項）。その結果、本来的にはウソの取引で無効だったはずの取引（通謀虚偽表示に基づく取引）が有効になったのと同じ効果が発生することになります。しかし、それはもともと原因をつくった人に責任があるのだから仕方ない、というのが民法の考え方なのです。

もともとの原因をつくった人に対して、民法は「帰責事由《きせきじゆう》」があると評価します。「帰責事由」というのは、「責めに帰すべき事由」（責められるべき事情）があることです。自分でウソの売買契約書をつくるなどして虚偽の外形をつくったアヤコには

「帰責事由」があります。

「善意の第三者」であるPさんを保護した結果、（真意として）売っていないはずのアヤコのマンションを売ったことにしてしまう効果を発生させます。それはアヤコに「帰責事由」があるからやむを得ないと考えるのです。

この考え方を推し進めると、「通謀虚偽表示」がない場合でも「善意の第三者」を保護すべき場合が出てきます。これを「94条2項の類推適用《るいすいてきよう》」と言います。

94条2項の類推適用

通謀虚偽表示がない場合は、民法94条2項を（直接）適用することはできません。でも、似たような状況なのでこの規定を類推適用して「善意の第三者」を保護しよう、という考えもあります。「民法94条2項の類推適用」という考え方です。

類推適用というのは、その条文の規定を直接適用することはできない場合に問題になります。「直接は適用できない、しかしその規定の適用場面と類似している」――こういう場合で、その規定の本来の目的（これを「立法趣旨」と言います）が実質的には当てはまるようなときに、例外的にその立法趣旨をくんで適用をする解釈方法です。

民法94条2項は「権《けん》利《り》外《がい》観《かん》法《ほう》理《り》」だと言われています。①虚偽の外観があり、②虚偽の外観をつくったことについて真の所有者に帰責性（責めに帰すべき事由）があり、③虚偽の外観が真実であると信じた善意の第三者に過失がない場合には、虚偽の外観があることを信じた「善意の第三者」の信頼を保護しようというものです。

このあたりは応用事項です。こうした柔軟な考え方もあることだけを、ここでは知っていただければ十分です。

このように民法の条文は、「直接適用」されるだけでなく、場合によっては「直接適用」はできないものの趣旨をくんだ「類推適用」がなされる場合があります。「類推適用」の典型例は、「94条2項類推適用」ですが、後述のように「１１０条の趣旨を類推適用」するような場合もあります（2日目12時限・260ページ参照）。

ほかにも2つ以上の条文をダブルで適用する「重畳《ちょうじょう》適用」なるものもあります（2日目2時限・146ページ参照）。

法律の条文は、その条文に書かれている文言《もんごん》そのものから直接読みこむことができない場合でも、常識的な結論に沿うように「解釈」をする場合があります。これを「法解釈」と言います。

こうした議論はテクニカルな部分で、民法を専門的に学ぶ方にとっては重要ですが、本書は、あくまで超入門書ですので、「法解釈」には深入りしません。

2時限　頼んでないことを勝手にされたら？

――無権代理と表見代理（総則）

【ケース2】

上場企業で部長をつとめるタツオは少しお金に困っていました。奥さんには内緒ですが、好きな女性ができてしまいプレゼント代がかさんできたのです。お相手は夜のクラブで知り合ったホステスさんでエミという女性でした。

タツオは身長が183センチと高く、精悍《せいかん》な顔だちで、若いころから女性に不自由したことがありません。いまもたまに食事に行ったり、ときに一夜をともにする女性も数人いました。タツオはそのうちのひとりミホコに相談をもちかけることを思いつきました。夫が開業医をしていて、自分でも事業をしているミホコなら自由になるお金がありそうです。

「100万円貸してもらうことはできませんか。いま娘の大学受験でまとまったお金が必要なんです。半年後には必ず返します」

ミホコはワイングラス片手にタツオをみつめ直すと「いいわよ。なんとかするわ。そのかわり今日はたくさんサービスしてね」とウインクをしました。こうして、金策がまとまり、タツオは胸をなでおろしました。

1週間後、ミホコの行きつけだという麻布のレストランに呼ばれたタツオは、高級フレンチをごちそうになりました。残すはデザートだけとなったところで、ミホコがA4サイズの封筒を差し出しました。

「このなかに必要な書類が入っているの。あなたの名前を書いて、それから実印も捺《お》してね。大事なことよ、わかるでしょ。郵送でいいからわたしのオフィスに送ってくれたら、それで100万円はなんとか融通してもらうわ」

タツオはレストランを出てミホコと別れると、すぐにコーヒーショップに入り封を開けました。中身は委任状でした。だれになにを委任するのかが書かれていませんでしたが、ミホコがなんとかしてくれるのだろうと思い、タツオは空欄部分に住所や名前、そしてその日の日付を記入しました。そして家に帰ると、家族が寝静まってからそこに実印を捺しました。翌朝にはミホコのオフィスにあてて書類を返送しました。

翌週の金曜日の午後、タツオは取引先からの帰り、東京駅のすぐ近くにある高層ビルの喫茶店に立ち寄りました。そこでミホコと落ちあうと、彼女から約束どおり100万円を受け取りました。

「ありがとう」。そうお礼を述べると、タツオは「社に戻らないといけないので」と言ってそそくさと喫茶店を後にしました。そしてそのまま銀座に向かったタツオは、その夜にはエミが前から欲しがっていたカルティエの腕時計をプレゼントしていました。

エミとの仲が順調に進んでいると思っていたタツオが青ざめたのは、それから半年後のことでした。ある朝、とつぜん自宅に内容証明郵便が届いたのです。それは消費者金融のような会社からの、身に覚えのない督促状でした。封を開けて中をみると、

「500万円を支払ってください」という請求に加えて、「10日後までに返済がない場合には自宅のマンションを差し押さえます」という脅迫めいた内容の文面。……なにかの間違いだろう――気をとり直して会社に向かったタツオの手足ががくがくと震え始めたのは、会社にも同じ消費者金融から電話がかかってきたときでした。どうやら相手は本気のようです。

しかしその会社からは500万円どころか1円たりとも借りた覚えはありません。裁判を起こされたとしても勝てそうですし、差押えもできないように思えます。タツオは周りをはばかりながら小声で、「なにかの間違いじゃないですか」と言い、受話器を置きました。

しかし、そのままで済むほど、世の中甘くはありません。それから3週間後、自宅にほんとうに仮差押えの通知が届いたのです。「女房にバレたらエラいことになるぞ。かと言って身に覚えはないし。困ったな……。そうだあいつに相談しよう！」

タツオは、学生時代の友人でいまは弁護士をしているハシモトに相談しました。

「オマエの女グセの悪さは相変わらずだな。まあ昔のよしみで相談に乗ってやるか」

ほっと肩をなでおろしたタツオでしたが、ハシモトに調べてもらったところ、とんでもない事実が発覚しました。

なんと100万円を貸してくれたと思っていたミホコは、タツオの代理人となり、その消費者金融からなんと500万円を勝手に借りていたというのです。委任状もきちんとあり、そこには「甲（タツオ）が××株式会社から500万円の融資を受けることにつき、乙（ミホコ）に代理権を授与します」と記載されていたというのです。

「やられた……」。タツオは白紙の委任状にサインをして実印まで捺したことを激しく後悔しました。あのときはエミのことで頭がいっぱいでどうかしていたのです。

血の気が引いたタツオがミホコのオフィスに電話をすると通じません。どうやら勝手に500万円も借りられたうえに、そのうちの400万円については持ち逃げされたようです。

みごとにやられました。するとそのときケータイが鳴りました。愛しいエミからのメールを知らせる着メロです。はやる気持ちでディスプレイをのぞいてみると、そこに書かれていたのは次のような言葉でした。

「好きな人ができました。さようなら。腕時計ありがとう。大切に使います」

「代理」という制度

ふんだりけったりのタツオですが（自業自得《じごうじとく》のようにも思いますが）、民法の観点から見るとこの一件はどう考えればよいのでしょうか。

ここでは「代理」という概念が登場します。「代理」というのは、本人に代わって法律行為などを代理人が行うことを言います。契約書などには「ヤマナカタツオ　代理人　オオハラミホコ」などと表記します。

代理人はなんでもかんでも本人を代理してよいわけではありません。通常は「Xさんから100万円を借りることについて」というように、代理をできる範囲が特定されたうえで、本人から代理権を与えられます。その代理権の範囲内のことであれば、本人が契約をしなくても、代理人が相手と契約を交わせば本人にその契約の効果が帰属することになります。本人自身が契約をするために相手方と会うのが面倒な場合や、その案件にくわしい者に契約を任せる場合には便利な制度です。

代理人が「○○○○（本人）代理人××××（代理人）」という署名をし、ハンコを捺せば、それで契約が成立します（もちろん契約の成立要件や有効要件をきちんと満たす必要があるのは当然です）。

このように代理人が契約を締結して、その効果が本人に帰属するための要件のことを「**効果帰属要件**《こうかきぞくようけん》」と言います。これには、次の3つがあります。

① 特定の法律行為について代理権の授与があったこと（代理権の授与）
② その代理権の範囲内で法律行為を行ったこと（権限内の代理行為）
③ 本人のために行うことを相手に表示したこと（本人の名を明らかにすることなので「**顕名**《けんめい》」と言います）

無権代理

【ケース2】の場合、ミホコがタツオの代理人として××株式会社から500万円を借りたことは、顕名（③要件）があったとしても、××株式会社から500万円を借りることについて代理権の授与がありません（①要件）。万が一100万円についてはは「だれかからお金を借りてくることでもよい」とタツオが思っていたと認定されたとしても（つまり500万円のうち100万円については、タツオがミホコにだれかから100万円を借りてくることを委任し、代理権を授与していたと考えることができたとしても）、少なくとも100万円を超えて500万円まで借りたことについては、②要件（権限内の代理行為）も満たしません。

「効果帰属要件」を満たしていない以上、その代理行為は無効になります。つまり本人（ここではタツオ）に代理行為（××株式会社から500万円を借りた行為）の効果は帰属しないことになります。これが原則です。こうした「効果帰属要件」を満たさない代理行為を「無権代理《むけんだいり》」と言います（民法113条1項）。

もっとも、本人が後から「いいですよ」と認めた場合には、無権代理も有効になります。これを「追認《ついにん》」と言います。本人が認めるのであれば、無効にする必要はないからです。

タツオはここまでの話をハシモト弁護士から聞いて、ほっと息を吐きました。タツオは当然ながら追認するつもりはありませんでした。ミホコがタツオを代理して勝手に500万円を借りた行為は、無権代理に当たるから無効だと言えそうです。

「でもね、例外もあるんだよね。表見代理《ひょうけんだいり》っていうんだ」――ハシモトの眼鏡の端がキラリと光りました。

「ヒョウケンダイリ？　なんだいそれは……」

タツオの額からはふたたび汗が流れてきました。

民法が定める表見代理とは？

表見代理というのは「権利外観法理《けんりがいかんほうり》」のひとつです。「権利外観法理」は、民法94条2項「類推適用」（131ページ）でお話をしました。①虚偽の外観があり、②虚偽の外観をつくったことについて本人に帰責性があり、③虚偽の外観が真実であると信じた善意の第三者がいる場合には、善意の第三者の信頼を保護するというものです。

無権代理は原則として無効です。しかし例外的に「権利外観法理」が適用される場合には、善意の第三者が保護されます。つまりその場合には、例外的に本人にその代理行為の効果が帰属することになるのです（タツオが××株式会社から500万円借りたことになってしまいます）。

では、どのような場合に「表見代理」は成立するのでしょうか。民法は次の3種類の「表見代理」を定めています。以下、それぞれの要件を簡潔に示します。

（1）代理権授与の表示による表見代理（民法109条）

① 本人が第三者に対して他人に代理権を与えた旨を表示したこと
② その表示された代理権の範囲内で代理行為があったこと
③ 代理権が与えられていなかったことを第三者が過失なく知らなかったこと

——これは代理権を与えたことはないのだけれど、与えたと誤解させるような表示を本人が第三者にしていた場合で、その表示を信頼して取引をした善意・無過失の第三者を保護するものです。

（2）権限外の行為の表見代理（民法110条）

① 本人が代理人に一定の代理権を与えたこと（基本代理権の授与）

② 基本代理権の範囲を超えて、権限外の代理行為があったこと
③ 権限があると信じたことについて第三者に正当な理由があること

――借金をすることの代理権を与えたのに、自宅マンションに抵当権までつけてしまうといった権限外の代理行為でも、取引の相手方が権限があると信じたことに「**正当な理由**」があれば、第三者の信頼を保護し、代理行為を有効にするものです。代理人に権限を与えるにあたって、本人は、権限外の行為までなされないよう注意しなければならないということを意味します。

（3）代理権消滅後の表見代理（民法112条）

① 本人が代理人に一定の代理権を与えたこと（基本代理権の授与）
② 基本代理権が消滅した後に代理行為があったこと
③ 代理権が消滅したことを第三者が過失なく知らなかったこと

――代理権が消滅したあとでも、いったん代理権を与えたことがある以上、過失なく代理権の消滅を知らずに取引をした第三者の信頼が保護され、代理行為が有効になるということです。代理は気をつけないといけません。

代理と使者の違い、無権代理と偽造の違い

なお、本人の代わりに奥さんに書類を届けてもらったり、会社の人にお使いを頼むこともあると思います。この場合、書類に本人の名前しかなければ、それは民法上、代理ではありません。「ヤマナカタツオ 代理人 オオハラミホコ」と顕名がある場合、ミホコは代理人ですが、「ヤマナカタツオ」とのみ書かれている契約書などをミホコが相手に届けただけだとするとそれは代理人とは言いません。この場合には、代理人ではなく、お使いという意味で「使者《ししゃ》」と言います。

また、（代理人と名乗ることなく）本人の名前を許可なく使って契約をする行為は、無権代理ではなく「偽造《ぎぞう》」です。他人に代理権を与えたり、自分の契約などを担当してもらう場合には十分に注意をする必要があります。さもないと、表見代理などの規定で取引の相手（善意の第三者）が保護され、あなた自身が権利を失ってしまう場合があります（このあたりの詳細について興味ある方は、拙著『弁護士が教える本当は怖いハンコの話』〈祥伝社黄金文庫〉をお読みください）。

重畳適用

民法は3つの表見代理を定めていますが、これらに直接該当しない場合でも、2つの規定をダブルで適用しあって「善意の第三者」が保護されることがあります。これを「重畳適用《ちょうじょうてきよう》」と言います。

たとえば、本人が他人に代理権を与えていないけれども、過去に与えたと表示をしたことはあり、かつその表示された代理権の範囲を超えた代理行為がなされた場合、民法109条と110条の双方の要件を満たせば「善意の第三者」が保護され、代理行為が有効になる場合があるとされています。これを「民法109条と110条の重畳適用」と言います。

無権代理人はどんな責任を負う？

無権代理をした人（無権代理人）は、自分に代理権があったことを証明できず、本人の追認ももらえなかったときには、取引の相手方（第三者）に対して責任を負います。

具体的には、相手方の選択に従い、無権代理人自らがその取引の履行をするか損害賠償をしなければなりません。これを「**無権代理人の責任**」と言います（民法117条1項）。

この責任は、代理制度の信用を守るために民法が特別に定めた「**無過失責任**」だと解されています。無権代理行為をした以上は、過失がなくても責任を負わなければならないということです（「過失責任の原則」の例外です）。

①「表見代理」を主張して本人に請求するか、②「無権代理人の責任」を主張して無権代理人に請求するか、どちらを追及するかは、相手方が自由に選択することができます。

なお、【ケース2】の場合では、タツオが××株式会社に500万円を返済したとしたら（表見代理）、トンズラしたミホコは、当然ながらタツオに損害賠償をしなければならなくなります（不法行為責任・民法709条）。

【民法99条　代理行為の要件及び効果】

代理人がその権限内において本人のためにすることを示してした意思表示は、本人に対して直接にその効力を生ずる。

（2項は、略）

【民法109条　代理権授与の表示による表見代理】

第三者に対して他人に代理権を与えた旨を表示した者は、その代理権の範囲内においてその他人が第三者との間でした行為について、その責任を負う。ただし、第三者が、その他人が代理権を与えられていないことを知り、又は過失によって知らなかったときは、この限りでない。

【民法110条　権限外の行為の表見代理】

前条本文の規定は、代理人がその権限外の行為をした場合において、第三者が代理人の権限があると信ずべき正当な理由があるときについて準用する。

【民法112条　代理権消滅後の表見代理】

代理権の消滅は、善意の第三者に対抗することができない。ただし、第三者が過失によってその事実を知らなかったときは、この限りでない。

【民法113条　無権代理】

代理権を有しない者が他人の代理人としてした契約は、本人がその追認をしなければ、本人に対してその効力を生じない。

（2項は、略）


【民法117条　無権代理人の責任】

他人の代理人として契約をした者は、自己の代理権を証明することができず、かつ、本人の追認を得ることができなかったときは、相手方の選択に従い、相手方に対して履行又は損害賠償の責任を負う。

（2項は、略）

3時限　買った土地が二重に譲渡されていた！
――不動産所有権の対抗要件（物権）

【ケース3】

マイはピアニストです。幼いころからピアノの才能があると先生に言われ、コンサートでもたくさんの賞を受賞してきました。音大を卒業した後は、ピアニストとして生活をしていくことになりました。

しかし現実は甘くはありませんでした。たまに知人から声をかけてもらったときに、ホテルのラウンジやレストランでライブ演奏をするくらいで、それだけでは、とても生活できるだけの収入は得られません。かといって定期的に仕事が入るわけでもありません。ピアノ教室に講師として通いレッスン料をもらえることが、唯一の定期収入でした。

収入は少ないのに出費はかさみます。コンサートを年に2回は開くのですが、衣装代から舞台・会場費用にいたるまで自分持ちですから、いきおいかなりの額になってしまいます。

そんなマイに救いの手をさしのべてくれたのがSさんでした。1年前に新宿のホテルのラウンジで演奏していたときに声をかけられたのをきっかけに、2人の交際が始まりました。中小企業の経営者でクラシック音楽に造詣《ぞうけい》の深いSさんはマイのことをとても気に入り、資金の援助をしてくれました。おまけに防音室つきのマンションまで買い与えてくれたのです。

生活の心配をしなくてすむようになったマイはピアノ教室の講師をやめ、本格的にピアノの演奏に情熱を注ぐようになりました。週に2回マンションを訪れるSさんに、マイは練習を重ねてきたショパンやラフマニノフの曲を披露しました。マイはSさんが選んで買ってくれたセクシーなドレスを身にまとい、せいいっぱいの愛を表現しました。

幸せな日々をおくっていたマイでしたが、それも長続きはしませんでした。突然S

さんとの別れの日が訪れたのです。皮肉なことにショパンの「別れの曲」を披露したのが最後になりました。

ショックで1週間ほど寝込んだマイでしたが、このままではいけないと思い、ある行動に出ることにしました。それは、もらったマンションを売ることでした。Sさんは経済力があり紳士でした。別れるにあたって、「マンションを返せ」とまでは言われなかったのです。マイはそこで一生暮らし続けることもできました。しかし、Sさんとの思い出の詰まった部屋でひとり過ごすのはやりきれなく、また新しい生活をスタートさせるためにも、そのマンションを売却して引越しをすることにしたのです。

マイにはファンがつきはじめていました。美しい彼女が奏でる甘美な旋律にすっかり魅せられたようです。マイはマンションを売却するにあたって、その中から経済的にゆとりのありそうな男性2人に目をつけました。ひとりはIT系企業の役員で50代のXさん、もうひとりは外資系企業に勤める30代前半のYさんでした。

ホテルのラウンジでのピアノ演奏を終え、帰り支度をしていたマイのもとに、Xさんが花束を抱えてやってきました。マイは「いつもありがとうございます」と言って頭を下げると、神妙な顔つきでXさんに事情を打ち明けました。Xさんは少し考えてから、「わかった。ぼくがそのマンションを買おう。査定はさせてもらうけど、その物件なら2000万円以上にはなると思うよ」と言いました。表情にはいやらしげな笑みが浮かんでいます。「これでぼくの女だね」と言わんばかりです。

2人のすぐ近くで聞き耳を立てていた男性がいました。Yさんです。

「そうか、あのオッサンは2000万円出すか、それならこちらは、3000万円出そう」

後日、Xさんとマイがホテルのラウンジでこそこそと売買契約書にサインをしているのを目撃したYさんは、Xさんが「これでOKだね」と立ち去った後、素知らぬ顔でマイに近づき、「やあ」と声をかけました。

「なにか悩みごとがありそうな顔をしてるね。僕に打ち明けてごらんよ」

「実は……」と言ってマイが切り出したのは、案の定Xさんにしたのと同じ話でした。

「よし、3000万円くらいでもよければ買いましょう」

「えっ、ほんと⁉　うれしい」

こうしてマイはXさんに2000万円で、Yさんに3000万円でマンションを売り、売りました。売買契約書の日付はXさんのほうが少し先で、Yさんのほうが少しあとです。そしてマイは2人からそれぞれ入金があったのを確認すると、そのまま行方をくらましたのです。


Yさんの場合、幸い登記を移転する手続を終えた後でした。ですから、相場よりも少し高い買い物をしたくらいのキズですみました。マンション自身の名義はYさんに移っていたので、いざとなれば転売することもできます。

しかしXさんからすると詐欺にあったようなものでした。2000万円をマイにとられたうえに、マンションも自分のものにならない。おまけに自分の女になったと思ったはずのマイにまで逃げられてしまったのです。

怒りのやり場のないXさんは、法務局でマンションの不動産登記簿謄本を入手し、名義人がYさんであることを確認すると、Yさんに対して「マンションを明け渡せ」という裁判をひとりで起こすことにしました（弁護士をつけないで本人だけで裁判をすることを「本人訴訟」と言います）。

裁判でXさんのほうが売買契約書の日付が先であることがわかりました。「先に買ったのだからマンションはオレのものではないか」——Xさんは怒り心頭で弁護士に相談をもちかけました。すると意外な答えが返ってきました。

冷静な民法

弁護士の話をかいつまんで言うと、次のようになります。

民法には177条という定めがあります。これは、Aさんが同じ不動産をBさんとCさんの双方に売ったようなケースで適用される条文です。いわゆる「二重譲渡」の問題ですが、BさんとCさんのどちらが勝つかというと、登記を先に完了したほうなのです。売買契約の日付が先だったとしても、代金の支払いを先にしたとしても、登記を先に完了していなければ「わたしが買ったものだ」と主張できないとされているのです。

「登記をしなければ、第三者に対抗することができない」――民法１７７条にはこう書かれています。したがって今回のケースでは、残念ながら登記をしていないXさんは、すでに登記を得ている「第三者」であるYさんに対して、そのマンションの所有権（区分所有権）を主張することはできないのです。

このように民法は、二重に権利が譲渡されたような場合に、当事者以外の第三者に優先して権利を主張するために備えなければならない要件を、「対抗要件」として定めています。不動産の二重譲渡の場合は「登記」が対抗要件です。

「第三者」

でも考えてみると、Yさんは最初にXさんにマンションを売る話をマイがしていたのを知っていました。事実を知っていたということは、「善意の第三者」（63ページ）ではないはずです。事実を知らないで取引をしたのが「善意の第三者」で、事実を知って取引をした者は「悪意の第三者」になるからです。

しかし民法177条の条文をよく読むと、「第三者」とあるだけで「善意の第三者」とは書かれていません。

そこで解釈の問題になります。判例によると、民法177条の「第三者」は善意である必要はないとされています（最高裁昭和40年12月21日判決・民集19巻9号2221頁）。二重譲渡であることをYさんが知っていたとしても、登記を先にした以上、「第三者」としてYさんが保護されるのです。

「権利外観法理《けんりがいかんほうり》」としての民法94条2項や「表見代理」では、「第三者」は善意だから保護されるという理屈でした（131ページ）。しかし、不動産の二重譲渡があった場合に保護される「第三者」は、善意でも悪意でも関係ないのです。

とにかく先に登記を得たほうが勝つのです。これは自由競争の社会では二重譲渡もありえなくなく、登記を取得することに熱意をもっていたほうを優先させるという考えなのだと説明されています。

債務不履行に基づく損害賠償

弁護士に右のような説明をされて、Xさんは意気消沈してしまいました。Yさん相手に裁判を起こしたとしても、負けることは目に見えているからです。

だからといって、このまま泣き寝入りをするのは癪《しゃく》に障ります。

「そうだ。元はといえば、マイが悪いんだ。アイツを訴えてやろう」

マイに好意を寄せていたからこそ彼女の申し出にのってしまったわけですが、こうなってしまえばかわいさ余って憎さ百倍。Xさんはマイ相手に裁判を起こすことに決めました。

二重譲渡をして2人から代金をもらったマイは、もちろんこの件について責任を負うことになります（横領罪〈刑法252条1項〉として罰せられる可能性もあります）。Xさんから代金2000万円を受け取っておきながらマンションの所有権（区分所有権）を移転させることができなかったのですから、売買契約の債務不履行です。マイはXさんに対して債務不履行に基づく損害賠償責任を負うことになるわけです（民法415条）。少なくとも2000万円を返さなければいけません。マンションを購入したことを前提に契約が有効だと信じてXさんがほかに出費をしたのであれば、それも賠償する必要があります(マイが姿を現せば……の話ですが)。

このように民法は不動産の二重譲渡があった場合、登記を先に完了したほうを優先させることにしています。不動産を購入したときには、速やかに移転登記を完了させることが重要なのです。

背信的悪意者

なお、マイがXさんにもマンションを売っていた事情をYさんが知っていたとしても、Yさんは「第三者」として保護されると言いました。相手に「オマエ登記ないじゃないか」と主張できる「第三者」を、民法では、登記の欠缺《けんけつ》を主張できる第三者と言います。「欠缺」というのは欠けているという意味です。「第三者」として保護されるためには、善意である必要はありません。

ただし、「背信的悪意者《はいしんてきあくいしゃ》」でないことは必要だと考えられています。

「背信的悪意者」に当たるかどうかは裁判所が認定をする問題で、ケース・バイ・ケースです。単に事情を知っている程度では、自由競争のもとでは「背信的悪意者」と言えません。しかし、単に事情を知っていただけでなく、相手の利益をことさら害して、暴利を得ようとするような場合などには、「背信的悪意者」と認定され、「第三者」（民法177条）に当たらないと解釈されるのです。

動産の場合

ここまでは、土地・建物、マンションなどの不動産が二重に譲渡された場合のお話でした。不動産以外の財産ではどうなのでしょうか。

土地およびその定着物（家屋やマンションなどの「建物」）を「不動産」と言うのに対して、それ以外のものはすべて「動産」とされています（民法86条1項、2項）。1日目の授業で登場したプロ野球選手のカードも本もCDも腕時計も、ダイヤモンドの指輪もみな「動産」になります。

動産が二重に譲渡された場合については、民法178条に定めがあります。不動産の二重譲渡と異なり、動産の二重譲渡の場合には「引渡しがなければ、第三者に対抗することができない」と定められています。動産の場合には「登記」ではなく、「引渡し」を先に得たほう、つまり「先に受け取った」と評価されたほうが所有権を取得できるのです（「先に受け取った」と評価される場合〈「引渡し」を先に得たと言える場合〉については、次にお話をします）。

簡易の引渡し、占有改定

ここにいう「引渡し」は、現物が受け渡された場合（これを「現実の引渡し」〈民法182条1項〉と言います）だけでなく、「占有改定《せんゆうかいてい》」（民法183条）も含まれると解されています。

「占有改定」というのは、売り主のもとにまだモノは保管されているものの、売り主が「自己の占有物を以後本人（買い主）のために占有する意思を表示」（たとえば、AさんがBさんにプラモデルを売ったケースで、プラモデルはAさんの手元に残っているものの、Aさんが「これからはBさんのために保管しておきますね」と伝えた場合です）することです。「占有改定」は物の現実の移動はありませんが、譲渡した人

（売り主）が譲り受けた人（買い主）のために代理して占有し始めたことを明らかにすることで、「引渡し」の効力が認められます。

特別法

この規定（民法178条）には特別法があります。1998（平成10）年にできた「動産及び債権の譲渡の対抗要件に関する民法の特例等に関する法律」です。「特別法は一般法を破る」というお話は、すでにしました（50ページ）。

企業で法務にたずさわる方には重要ですが、入門書としては細かいことなので本書では、こうした特別法があることだけを指摘しておくことにします。

【民法177条　不動産に関する物権の変動の対抗要件】

不動産に関する物権の得喪及び変更は、不動産登記法（平成16年法律第123号）その他の登記に関する法律の定めるところに従いその登記をしなければ、第三者に対抗することができない。

【民法178条　動産に関する物権の譲渡の対抗要件】

動産に関する物権の譲渡は、その動産の引渡しがなければ、第三者に対抗することができない。

【民法182条　現実の引渡し及び簡易の引渡し】

占有権の譲渡は、占有物の引渡しによってする。

（2項は、略）

【民法183条　占有改定】

代理人が自己の占有物を以後本人のために占有する意思を表示したときは、本人は、これによって占有権を取得する。

4時限　債権を譲渡することもできる?——債権譲渡の対抗要件（債権）

【ケース4】

ギャンブル大好きのタローは稼いだお金の大半を競馬やパチンコ、競艇などに使っています。ギャンブルで負けると、うさ晴らしに悪友とキャバクラをはしごしたりするので、貯金はほとんどありません。貯金がないどころか最近では消費者金融で借りることもあり、借金が増えつつある現状でした。

あるときタローは、知人のWさんから100万円を貸してもらいました。

早速ギャンブルとキャバクラで数日もたたないうちに使い果たしたタローのもとに、心当たりのない2人の男からそれぞれ内容証明郵便が届いたのは、それから1か月後のことでした。

1通は夏目金太郎《なつめきんたろう》、もう1通は秋目銀次郎《あきめぎんじろう》という人からで、夏目さんのものは9月30日に、秋目さんのものは10月2日に届きました。いずれも封を開けると請求書が入っていて、そこには「タローに対する貸付債権100万円をWさんから譲り受けました」ということ、そして『7日以内に100万円を下記の銀行口座に振り込んでください』ということが書いてありました。

タローは驚きました。タローが100万円を借りたのはWさんからだったからです。そもそも「貸したお金を返してください」と請求できる権利（消費貸借契約に基づく貸金返還請求権＝貸付債権）を他人に譲渡することなどできるのでしょうか。不動産や動産を売るのはわかりますが、「お金を返せと請求できる権利（債権）」を売ることなどできるのでしょうか。タローはそんなことは聞いたことがありません。

次に驚きなのは、Wさんが2人の男に同じ債権（ある人がある人に対して一定の給付を請求できる権利）を売っていたことでした。これは二重譲渡というやつではないか……。さらにタローが困惑したのは、Wさんから債権を譲り受けたという2人から請求書が届いたことでした。いずれも「自分の口座に100万円を振り込め」という脅迫めいた文面です。

タローが１００万円を借りたのは事実ですから返さなければならないのは当然として、タローはいったいどちらに１００万円を振り込めばよいのでしょうか。そもそもWさんに返さなくてよいのでしょうか？　それとも、２人に１００万円ずつ支払わなければならないのでしょうか？

困ったタローは、市役所で開催されていた弁護士の法律相談を受けることにしました。

債権も譲渡できる

債権の譲《ゆず》り渡《わた》し（債権譲渡《さいけんじょうと》）については、民法４６６条１項に定めがあり「債権は、譲り渡すことができる。」と書かれています。

しかし、ただし書きには「ただし、その性質がこれを許さないときは、この限りでない。」とありますので、すべての債権が譲渡できるというわけではありません。

【ケース４】の場合、「１００万円を返せ」という貸金返還請求権は、純粋な金銭の支払いを求める債権です。とくに性質が譲渡を許さない（たとえば、「扶養を受ける権利」は譲渡をすることが性質上なじまないので、法律で譲渡が禁止されています〈民法881条〉）とは言えませんので、原則として債権者（貸主）であるWさんは「これを買いたい」という人がいれば、自由に譲渡することができます。

ただし当事者間（この場合、タローとWさん）で譲渡してはならない（その債権の譲渡を禁止する）合意をしていたような場合には、譲渡することはできなくなります（民法466条2項本文）。これを「譲渡《じょうと》禁止《きんし》特約《とくやく》」と言います。

もっとも、債権者（Wさん）と債務者（タロー）が譲渡禁止特約をしていたとしても、そうした特約があることを知らない「善意の第三者」にWさんが譲渡してしまった場合には、債務者（タロー）は「残念ですね。譲渡禁止特約があったので譲渡は無効ですよ」と主張することはできなくなります（民法466条2項ただし書き）。ここでも「善意の第三者」が保護されるのです。

タローがWさんから借りた100万円については、そもそもその貸付債権を第三者に譲渡してはいけないといった特約はされていませんでした。したがって、Wさんがタローに対する100万円の債権（貸付債権）を譲渡することは、法律上許されることになります。

債務者に対する対抗要件

そこで次に問題になるのが、債権が第三者に譲渡された場合、債務者はだれに支払えばその債権が消滅するのか（有効な弁済になるのか）という点です。なぜなら、債権が勝手に他人に売られてしまうと、債務者としてはもともとの債権者に支払えばよいのか、新しく債権を譲り受けたと主張している第三者に支払えばよいのか、わからなくなってしまうからです。

この点について民法は、次のどちらかを、債務者に対する対抗要件として定めています（民法467条1項）。

① 譲渡人（もとの債権者）から債務者に対する「**通知**」

② 債務者の「**承諾**」

債権者から「あなたに対する100万円の貸付債権は、○○さんに譲渡しましたよ」という通知が届けば、債務者としては、そうなのかとわかります。ここでのポイントは債権者からの通知という点です。債権者というのはもともとの債権者のことで、債権譲渡をした人（譲渡人）のことです。

これが、「債権を譲り受けました（買いました）」という見知らぬ人からの通知だけですと、その人がほんとうにもともとの債権者から債権を買ったのかどうか、真偽がわかりません。

そこで民法は、①譲渡人（もともとの債権者）から債務者に対する「通知」があるか、②債務者自身がその譲渡を「承諾」した場合に、はじめて債権を譲り受けた人（譲受人）は債務者にその譲り受けた債権を主張できるとしたのです。これを「債務者に対する対抗要件」と言います。

第三者に対する対抗要件

これに対して、タローのケースのように、債権が二重に譲渡されたような場合はどうでしょうか？

債権を譲り受けた一方の人は、もう一方の譲受人に対しても、その譲り受けた債権を主張したいところです。これを「**第三者に対する対抗要件**」と言います。

債権譲渡の「第三者に対する対抗要件」は、さきほどの「債務者に対する対抗要件」と同様に、①譲渡人から債務者に対する「通知」か、②債務者の「承諾」が必要だとされています（民法467条1項）。しかし「第三者に対する対抗要件」については、単なる通知や承諾ではなく、「**確定日付のある証書**」によって行われたものでなければならないとされています（民法467条2項）。「確定日付のある証書」というのは、その日付にその書類が発送されたことを公的に証明できる文書のことです。その際、よく使われるのが内容証明郵便です。確定日付をとるためには便利な手段です。

タローが法律相談に行こうとしたそのとき、今度はもともとの債権者であるWさんから、内容証明郵便が2通同時に届きました。10月3日のことでした。1通目の日付を見ると9月30日付で、中身はWさんが「タローに対する100万円の貸付債権を、夏目金太郎さんに譲渡した」という通知でした。

タローはなるほどと思いました。

なるほどそうか、Wさんが僕に対する債権を売った相手は夏目金太郎さんという人だったのか。じゃあこの人に100万円を振り込めばいいのだな——そう思い、もう1通の内容証明郵便を開封すると、今度は10月1日付で、Wさんが「タローに対する100万円の貸付債権を秋目銀次郎さんに譲渡した」という通知でした。

タローはふたたび混乱しはじめました。Wさんはいったいなにを考えているのだろう。夏目さんと秋目さんの2人に二重に債権を譲渡して、律儀に通知までしてきた。日付は夏目さんのほうが1日早いけれど、通知が届いたのは同時だ。いったいどちらに振り込めばいいのだ——タローは途方にくれました。

やはり法律相談に行こう。不安な気持ちを抱えながら、タローは市役所に向かいました。

債権の二重譲渡があった場合はどちらが優先する?

不動産や動産に限らず、債権もこのように二重譲渡される場合があります。民法は「確定日付のある証書」を第三者(二重譲受人)に対する対抗要件として定めていますが、双方の譲受人について債権者から「確定日付のある証書」(内容証明郵便など)で通知がされた場合に、どちらの譲受人が優先するのかについては、直接定めてはいません。

この点については判例があります。ひとつは二重譲渡があった場合で、かつ「確定日付のある証書」による通知があった場合、その優劣を決めるのは確定日付そのものではなく、確定日付のある通知が債務者に到達した日で決めるというものです(到達時説)。確定日付をみるとAさんのほうが早く、Bさんのほうが遅いとしても、実際に債務者に通知が届いたのはBさんのほうが早かった場合、Bさんのほうを優先するということです。

タローはその話を弁護士の先生から聞いてさらにうなだれました。通知が到達した日はどちらも10月3日で、同時だったからです。

同時到達の場合

タローと同様のケース、すなわち債権者から債務者に対する通知（確定日付のある通知）が同時に到達した場合についても、判例があり、次のように解されています。

同時到達の場合は、それぞれの譲受人が債務者に対してそれぞれ全額を請求でき、債務者のほうで同順位の譲受人がいることを理由にその請求を拒絶することはできません。つまり同時到達の場合、どちらが優先するのかを法的に決めることはできないのです。

しかしだからといって、債務者は請求を拒否することはできません。結局、タローとしては夏目金太郎さんか秋目銀次郎さんのどちらかの銀行口座に１００万円を入金する必要があります。そしてどちらかに１００万円の入金をすれば、債務は消滅し、もうひとりには支払う必要はなくなります。

債権を二重に譲渡するなんてＷの行為はけしからん、と思われるでしょう。たしかにけしからんことかもしれませんが、けしからんことをする人がいるのが現実です。

民法の教科書に出てくる債権譲渡のケースでは、こうした二重譲渡事例が多く紹介されています。

債権譲渡の問題はめんどうで複雑にもみえますが、ポイントは次の3つに整理できます。

① 確定日付があるかどうか（一方のみ確定日付があればそちらが優先する）
② 双方確定日付がある場合、どちらの到達が先か（到達が先のほうが優先する）
③ 同時到達の場合、債務者は請求を拒否できない（先にどちらかに支払えば債務は消滅する）

【民法466条　債権の譲渡性】

債権は、譲り渡すことができる。ただし、その性質がこれを許さないときは、この限りでない。

2　前項の規定は、当事者が反対の意思を表示した場合には、適用しない。ただし、その意思表示は、善意の第三者に対抗することができない。

【民法467条 指名債権の譲渡の対抗要件】

指名債権の譲渡は、譲渡人が債務者に通知をし、又は債務者が承諾をしなければ、債務者その他の第三者に対抗することができない。

2 前項の通知又は承諾は、確定日付のある証書によってしなければ、債務者以外の第三者に対抗することができない。

【民法881条 扶養請求権の処分の禁止】

扶養を受ける権利は、処分することができない。

5時限　借金を肩代わりして彼女をゲット？——債務引受け（債権）

【ケース5】

「オマエな、わかってんのか、こら！」

ドスのきいた低い声が喫茶店のとなりの席から聞こえてきました。男はサングラスをかけ、鼻の下にチョビヒゲをたくわえています。怒鳴られたほうは、まだあどけなさの残る女の子です。

ヒゲ面の中年男と、20歳に届くか届かないくらいの女の子。この2人の関係はなんなのだろう？　愛人だろうか。親子だろうか。いやそれはないな、とヒロユキは思いました。

「今月末までにはぜったいに用意しろよ。わかったな。それができないようならオマエからはもう手を引く。この業界で仕事ができるのももう終わりだな」

「あたしそんなにダメですか。がんばりますから。おねがいします。仕事をこれからもウチにくださいい。もっとやせますから」

女の子がかぼそい声を発しました。目には涙があふれています。

「とにかく今月末までに用意しろ。いいな、これが最後通告だ」

そう言い残すと、ヒゲの男は立ち去りました。


女の子は色白の顔をさらに白くして、うなだれています。ヒロユキは思いきって声をかけました。

「だ、だいじょうぶですか？」

するとその女の子は、

「えっナンパ？ ヤバイわ。なんやの、こんなときにヤバイわ。やめてやめて」

と、さきほどまでとは違うイントネーションでまくしたてました。

「なんやの、アンタ。こんな状況にかこつけてウチを口説《くど》こういう魂胆《こんたん》やね。うわあ、ウチ帰ります」

「待ってください」

ヒロユキは勇気を出して言いました。

「あなたはいまお金のことで脅迫されていたんじゃないですか。困っているのだと思って、ボ、ボクはあなたに、その勇気を出して話しかけたのです。困っているのならボクが助けましょう。……いったい、いくら必要なんですか」

気がつくとヒロユキは心にもないことを口走っていました。ナンパと思われたことが心外でとっさにそんな言葉が出てしまったのです（あとから思うと、これがまずかったのです）。

女の子は急に目をキラキラさせて席に戻りました。

「えっ？　それホンマですか。チョー助かります。ウチ、あの社長の事務所に所属しているモデルなんです。ほら見てください。これ、こういう雑誌に載ってるんです」

たしかに、ファッション雑誌にはその女の子が載っていました。メークもファッションもバッチリ決まって、とびきりの表情。街を歩けば１００人の男が１００人とも振り返るほどの美しさです。写真の下には「アユミ」という名前が載っていました。

ポーッとなっているヒロユキに、アユミが事情を語り始めます。

「モデルは1年契約やったんやけど、東京は生活費が結構かかって、マンションの家賃も高いし、それであの社長からお金借りたんです。将来のモデル料を見越してなんやけど、200万円。今月末までに200万円返さなかったらプロダクションから追い出す言うて。ウチがアカンのやけど、でもどうしようもなくて。社長は『身体はって稼げ』ってアヤシゲな会員制のお店を紹介してくれたんですけど……」

「払いましょう、ボクが。200万円払いましょう」

えっ？　なにを言っているんだ？　ヒロユキは気持ちにブレーキをかけようとしました。まだ大学生の身分であるヒロユキにとって、200万円など、どう考えても無理な金額です。

それでも、口から出てくるのは、心とは裏腹の言葉ばかりでした。ヒロユキはすっかり恋に落ちてしまったのです。

「い、いますぐにはキツイのですけど、バイトして必ず返します。だから……、そうです。ボ、ボクがあなたの借金を肩代わりします。そしたらあなたはもう返す必要はなくなるはずです。そうだ。ちょうどサークルの友達に司法試験の勉強しているヤツがいるから、聞いてみます。借金の肩代わりの方法を、その法律的にですね、チェックしてもらいます」

アユミはヒロユキの目を見るとクスリと笑いました。

「ありがとう。ほんまうれしいわ。いい人に出会えて。これウチのアドレスです。ここに連絡ください。ほな、また」

ヒロユキは同じ大学の法学部に通うダイスケをカフェに呼び出しました。

「ちょっとオマエの得意な民法のこと、教えてくれないか」と話を切り出しました。アユミのことは口に出しません。

「つまりさ、他人の借金を肩代わりする方法だよ。借金をしていた人はもう払わなくていい。肩代わりをする人が借金を引き受ける。どうだ。こういうの民法に書かれているだろう?」

するとダイスケは「調子がいいな。でもまあ、いいか。あっ、ちょうどいま民法の授業で債権総論《さいけんそうろん》をやってるから」と言って、借金の肩代わりの仕方を教えてくれたのです。

2種類の「債務引受け」

ダイスケが教えてくれたのは次のようなことでした。

民法には債務を肩代わりする方法についての定めはありません。しかし判例上はこれを「債務引受《さいむひきう》け」といって、2つのパターンに分けて法的な結論が出されています。ひとつは「免責的《めんせきてき》債務引受け」と呼ばれるもの、もうひとつは「併存的《へいぞんてき》債務引受け」と呼ばれるもの（「重畳的《ちょうじょうてき》債務引受け」と呼ばれることもあります）です。

「免責的債務引受け」というのは、もともとの債務者（借金をしていた人、つまりアユミ）は債務者ではなくなり、肩代わりをする人（「債務引受人《さいむひきうけにん》」と言います。ここではヒロユキがこれに当たります）だけが債務（借金）を引き継ぐものです。お金をもともとの債務者に貸した債権者（ヒゲ社長）からすると、その債務者（アユミ）だからこそお金を貸したはずです。そこで債権者（ヒゲ社長）の承諾なしに勝手に債務者（アユミ）と債務引受人（ヒロユキ）との間で「免責的債務引受け」をすることはできないと考えられています。ヒロユキだけが200万円の借金を負い、アユミは晴れてヒゲ社長からの借金を免れるためには、ヒゲ社長の承諾が必要になるのです。

これに対して、「併存的債務引受け（重畳的債務引受け）」はもともとの債務者（アユミ）も、債務引受人（ヒロユキ）も両方とも併存して重畳的に債務を負うものです。債権者（ヒゲ社長）からすれば、債務者（アユミとヒロユキの2人が債務者になります）が増えるだけですので、なにも損はありません（むしろおトクです）。そこで「併存的債務引受け（重畳的債務引受け）」の場合には、「免責的債務引受け」と異なり、債権者（ヒゲ社長）の承諾は不要だと考えられています。ヒゲ社長の承諾をもらわなくても、アユミとヒロユキが話し合うだけで、（アユミも債務者のまま）ヒロユキが200万円の借金を引き受けることを合意することができるのです。

＊

ダイスケからレクチャーを受けたヒロユキは、アユミの携帯アドレスにメールをして、ふたたび同じ喫茶店で会う約束を取り付けました。

ヒロユキは「免責的債務引受け」をする覚悟をし、ヒゲ社長から承諾をもらいましょうと、アユミに提案をする心づもりでいたのです。

そんなヒロユキに、アユミは開口一番こう切り出しました。

「じつはな、社長と話をつけて半年後まで延ばしてもらったんよ。仕事もたくさんもらえることになってな、そやから十分稼いで返せそうやねん」

えっ？ じゃあ……。もうこれでこのコにとってボクは洋梨じゃなくて〝用なし〟かよ――思わず天を仰いだヒロユキ。そんな彼の様子など気にも止めず、アユミはあっけらかんとこう言いました。

「ねえ、これから近くのYホテルでさ、ごはん食べへん？ 一度行ってみたかったお店があるんやわ。てんぷらが美味しいみたいなの。その……わたし、ヒロユキくんと行ってみたいんだ」

（次の時限につづく）

6時限　連帯保証契約はだれとだれの間の契約？
——保証契約の法的性質（債権）

【ケース6】

あれから4年の月日が流れました。たまたま喫茶店でとなりどうしになったことがきっかけで知り合ったヒロユキとアユミは、Yホテルのてんぷら屋で意気投合し、交際を始めました。

その後アユミはモデルの仕事が順調に増え、ファッション誌に引っ張りだこになりました。ヒロユキのほうは大学4年生になり、難関と言われるテレビ局の入社試験に合格しました。まさに2人とも順風満帆《じゅんぷうまんぱん》です。

2人はヒロユキの卒業を待たずして、結婚することにしました。生活費はヒロユキが就職するまでは、アユミが出すということで話はまとまりました。こうして2人の新婚生活が始まったのです。

しかし、ここで問題が発生しました。すでに完済していたと思っていたアユミの借金が、じつはまだ残っていたことがわかったのです。収入が増えるとアユミは、ブランドもののバッグや腕時計、アクセサリーなどを買いあさるようになったのです。これでは、いくら稼いでも足りません。結局、昔のようにいろいろなところからお金を借りるようになったのです。

仕事が順調なころは、少々の借金などすぐに返せると思っていました。けれども、もうすぐ24歳になろうとするアユミには、だんだんモデルの仕事がこなくなりました。これでは返せるあてもなくなります。そんな折、ヒゲ社長から借りている300万円について、「テレビ局への就職が決まった亭主にも保証人になってもらうんだな。それが仕事を続ける条件だ」とアユミは言われたのです。

アユミは申し訳ないと思いながらも、かつてヒロユキは初対面の自分に200万円の借金を肩代わりしようと言ってくれた、夫婦となったいまであれば300万円くらい大丈夫だろう、と思いました。夫は保証人くらい喜んで引き受けてくれるだろう、と。

アユミは帰宅するやいなや、ヒロユキに頭を下げてお願いをしました。

「わかった」とヒロユキは言いました。

「それくらいお安いもんだよ」と言いつつも、ヒロユキは内心ショックでした。借金の額もさることながら、隠しごとをされていたことに深く傷ついたのです。

「これからも同じようなことが続くのか……」。ヒロユキは自分が泥舟に乗ってしまったような索漠《さくばく》とした気分に襲われました。

「ここにサインをして。ウチが明日社長にもっていくから。ええ。あなたはそこにサインをしてハンコを押すだけでいいの。保証人やからちゃんと返済できればあなたに迷惑かけることもないわ。保険みたいなものよ」

ヒロユキはアユミに言われるままに、書類に必要事項を書き、最後にハンコを押しました……。

こうしてヒゲ社長の借金問題はまたしても解決し、ヒロユキは4月からテレビ局で働くようになりました。

しかし、間もなくヒロユキの不安は的中しました。アユミが隠れて男をつくっていたことがわかったのです。

テレビ局の仕事は思いの外、ハードでした。帰宅も深夜になることが多く、ときに帰れないこともあります。そんな新婚生活に、アユミは寂しくなったのかもしれません。

結局2人は結婚して1年足らずで離婚することになりました。

離婚してから一人暮らしで仕事に没頭していたヒロユキも、数年後に新しい彼女ができました。同じ局のアナウンサーです。そして1年の交際期間をへて2人はゴールインしました。

そして、月日は流れました。ヒロユキは30代も半ばにさしかかり、2児のパパになりました。中堅テレビマンとして、番組をいくつも担当し、公私ともに忙しいながらも充実した日々を送っていました。

そんなある日ヒロユキは、内容証明郵便を受け取りました。あのヒゲ社長からのものでした。

ザワつく胸を抑えつつ封を開けると、アユミの保証人として、彼女の借金をヒロユキに肩代わりしろという内容でした。しかも当時は３００万円だったのが、今では利息などがついて７００万円近い金額になっていました。

ふざけるんじゃない、もう関係ない！　あれは別れた妻の借金だ。僕の借金じゃないぞ！

こぶしを握り締めたヒロユキは、そう思ったものの不安がよぎりました。……そうだ。ダイスケの事務所に相談に行こう。ヒロユキは、２年前に銀座で法律事務所を開業した、弁護士のダイスケのもとを訪れることにしました。

「で、どんな書類にサインをしたんだよ」

ひまわりの弁護士バッジをスーツに輝かせたダイスケが聞きました。

「もうかなり昔のことだからよく覚えていないけど、たしか連帯保証契約って書いてあったと思う。前の妻がそのヒゲ社長から借りた３００万円の連帯保証人になります、そんなものだったと思う」

「じゃあ払うしかないよ」

「ちょっと待ってくれよ。ボ、ボクの借金じゃないんだぞ。たしかに連帯保証はした。それにサインしたよ。でもアユミとは離婚したんだ。あいつはいまは別の男と暮らしてるはずだ。ボクはいま妻がいて子どもも２人いる。なんで他人の借金の肩代わりなんてしないといけないんだ？」

はたしてヒロユキに別れた妻の借金を返済する義務はあるのでしょうか？

連帯保証契約

他人の債務を引き受けることを「債務引受け」と言います。このことはすでにお話をしました。債務引受けは、もともとの債務者と新たに債務を引き受ける（借金を肩代わりする）人との話し合いで合意するものでした。

もともとの債務者の債務がなくなる場合を「免責的債務引受け」と言い、もともとの債務者の債務は残ったまま、新たに債務を引き受ける人も債権者に債務を負うことになる場合を「併存的債務引受け（重畳的債務引受け）」と言うのでしたね（181ページ）。いずれにしても、契約をするのはもともとの債務者と新たに債務を引き受ける人（債務引受人）です（「三者契約」にすれば、債権者も契約の当事者になりますが、必須ではありません）。

これに対して、連帯保証契約は、債務者（前妻のアユミ）が債権者（ヒゲ社長）に負っている債務（３００万円の借金）を、保証人（当時のヒロユキ）が連帯して保証する責任を負うことを債権者（ヒゲ社長）に約束する契約です。連帯保証契約の当事者は、債権者と連帯保証人なのです。

書類をヒロユキにもってきたのはアユミ（債務者）でしたが、その契約書の宛名（当事者）は、アユミではなくヒゲ社長でした。ヒロユキはヒゲ社長に対して、アユミの300万円の借金について、「連帯して保証しますよ」と約束したのです。このように連帯保証契約は、保証人が債権者との間で結ぶ契約です。

したがって、債務者と離婚したとしても、連帯保証契約が消えることはありません。離婚するときに債権者にお願いして保証人から外してもらうなどの調整を求めることはできますが、債権者が外してくれない限り、その連帯保証契約は債務者と離婚した後も続きます。

催告の抗弁権と検索の抗弁権

保証契約には「附従性《ふじゅうせい》」があると言われています。「附従性」というのは、主たる債務の発生・変更・消滅に保証債務は従う、というものです。あくまで主たる債務者（アユミ）が債権者（ヒゲ社長）に負っている債務について、保証人が付随的に保証をする契約だからです。

もっとも、連帯保証契約の場合（連帯しない保証契約を単純保証契約と言います）には、保証人の責任が強化されています。単純保証契約の場合には、①「**催告《さいこく》の抗弁《こうべん》**

権《けん》」（民法452条）、②「検索《けんさく》の抗弁権《こうべんけん》」（民法453条）が保証人にあるのですが、**連帯保証人にはこれらの抗弁権がありません**（民法454条）。

①「催告の抗弁権」というのは、債権者が保証人に請求をした場合には、保証人は、まず主たる債務者に催告（請求）するよう求めることができる権限のことです。

これに対して、②「検索の抗弁権」というのは、債権者が主たる債務者に催告（請求）をした後でも、主たる債務者に弁済をするだけの資力があり、かつ執行が容易であることを保証人が証明したときには、債権者はまずは主たる債務者の財産を執行しなければならなくなる権限のことです。「ちゃんと主たる債務者にまず請求をしましたよ。だから、催告の抗弁権は通用しませんよ」と債権者が保証人に請求をしてきたときでも、保証人は「いやいや、あの人（主たる債務者）はこれだけの財産をもっています。請求すればすぐに払ってもらえますよ。回収できますよ」と証明できれば、先に主たる債務者の財産から債権の回収をしてもらえるのです。

保証人はあくまで、主たる債務者が負っていた借金を保証するに過ぎません。本来支払うべきは主たる債務者で、保証契約は付随的なものです。そこで、保証人にはこうした権限が認められているのです。しかし連帯保証人にはこれらの抗弁権がありません。債権者はいつでも連帯保証人に請求してよいのです。もっとも債権者は、ふつうは主たる債務者に請求をします。そして主たる債務者が破産してしまったような場合に初めて、連帯保証人にも請求をすることが多いです。忘れたころに（離婚した後に）前の配偶者の借金の連帯保証を請求されるということは、じつはよくあります。

もちろん保証人（連帯保証人も）は自分が借金をしたわけではありません。したがって、もし保証契約にしたがって債権者に（主たる債務者の）借金の返済をした場合には、主たる債務者にその支払った額を請求することができます。たとえば、BさんがAさんから100万円を借りるときに、あなたがBさんから頼まれてAさんに保証をしたとします。そしてこの保証契約に基づき、あなたがAさんに100万円を返済したとします。そのとき、あなたは借金を本来返済しなければならないBさんに代わって返済をしたので、今度はBさんに「わたしが払ってあげたのだから、100万円返してね」と請求できるのです。いわば立替えのようなものです。これを「求償《きゅうしょう》権《けん》」と言います（民法459条1項）。求償権があると言っても、主たる債務者に支払能力がなくなってから保証人が支払うべき立場に立たされることが多い実情を考えると、その求償権は絵に描いた餅になっている場合も多いのが現実です。

消滅時効

「じゃあボクは、前の妻の借金の連帯保証人として、700万円も支払わないといけないのか」

ヒロユキはうなだれました。

「言いにくいけど、払わないと自宅のマンションが差し押えられたりするぜ」

ヒロユキは当時の妻の頼みとはいえ、なぜすんなりと書類に判を押してしまったのか、今さらながら激しく後悔しました。

「ところで、この連帯保証契約にはいつサインしたんだ？」

ダイスケの質問に、ヒロユキは、

「もう10年以上前だろう」

と答えました。

「なに？　10年以上前？」

「そうだ。でも離婚しようが、10年たとうがダメなんだろう？」

「これまでヒゲ社長から請求されたことはあったのか。あるいは、債務を認める書類にサインをしたことはあったのか？」

「そんなことは一度もないな。会ってもいない」

「そうか」

ダイスケの目がバッジ以上に輝きはじめました。

「それは時効で消滅しているよ。オマエは払う必要なんかない」

——民法には消滅時効の制度があり、一般の債権は10年経過すると時効で消滅します（民法167条1項）。「請求」されたり「債務を承認」したことなどが途中にあると、時効が中断してそこから計算し始めることになります（民法147条1号・3号、153条、156条、157条）。しかし、ヒゲ社長の場合、そういったことはないようです。

「なんだ、役に立つじゃないか」とヒロユキは、うれしさのあまり、目にうっすらと涙をうかべて言いました。

ダイスケ弁護士は目を細め窓の外に目を向けて、こう言いました。

「いや民法の規定を説明しただけだ。役に立ったのはオレじゃない。民法だよ」

【民法147条　時効の中断事由】

時効は、次に掲げる事由によって中断する。

一　請求

二　差押え、仮差押え又は仮処分

三　承認

【民法153条　催告】

催告は、六箇月以内に、裁判上の請求、支払督促の申立て、和解の申立て、民事調停法若しくは家事事件手続法による調停の申立て、破産手続参加、再生手続参加、更生手続参加、差押え、仮差押え又は仮処分をしなければ、時効の中断の効力を生じない。

【民法156条　承認】

時効の中断の効力を生ずべき承認をするには、相手方の権利についての処分につき行為能力又は権限があることを要しない。

【民法157条　中断後の時効の進行】

中断した時効は、その中断の事由が終了した時から、新たにその進行を始める。

2　裁判上の請求によって中断した時効は、裁判が確定した時から、新たにその進行を始める。

【民法446条　保証人の責任等】

保証人は、主たる債務者がその債務を履行しないときに、その履行をする責任を負う。

2　保証契約は、書面でしなければ、その効力を生じない。

（3項は、略）

【民法452条　催告の抗弁】

債権者が保証人に債務の履行を請求したときは、保証人は、まず主たる債務者に催告をすべき旨を請求することができる。ただし、主たる債務者が破産手続開始の決定を受けたとき、又はその行方が知れないときは、この限りでない。

【民法453条　検索の抗弁】
債権者が前条の規定に従い主たる債務者に催告をした後であっても、保証人が主たる債務者に弁済をする資力があり、かつ、執行が容易であることを証明したときは、債権者は、まず主たる債務者の財産について執行をしなければならない。

【民法454条　連帯保証の場合の特則】
保証人は、主たる債務者と連帯して債務を負担したときは、前二条の権利を有しない。

【民法459条　委託を受けた保証人の求償権】
保証人が主たる債務者の委託を受けて保証をした場合において、過失なく債権者に弁済をすべき旨の裁判の言渡しを受け、又は主たる債務者に代わって弁済をし、その他自己の財産をもって債務を消滅させるべき行為をしたときは、その保証人は、主たる債務者に対して求償権を有する。
（2項は、略）

7時限　債権を第三者に行使できる場合って?
——債権者代位権と債権者取消権（債権）

【ケース7】

「キノシタくん、ごめん。ちょっといま細かいの切らしてて。500円玉あったら貸してくれない?」

大学のクラスメイトのユウナに、コピー機の前でお願いされたキノシタは、ほんとうは金欠の状態でした。しかしクラスで1、2の人気を誇るユウナからの頼みとあっては断ることはできません。

「もちろん。じゃ、はい、500円」

「ありがとう。助かった」

と言うとユウナは、廊下をバタバタと音を立てて駆けていきました。

と、そこにミクが通りかかりました。ユウナとクラスで人気を二分するほどの美女です。サッカー部でイケメンのトダと2人で歩いています。

「トダ君は好きな人いるの？」

思いもかけずミクの大胆な質問が聞こえてきました。

「いまはいないよ」

「そうなんだ。わたし……立候補しようかな、なんて」

チェッ、聞いてらんないや。キノシタはすぐにその場から遠ざかりました。


キャンパスのベンチに座っていると、法学部の学生がそばでなにやら議論をしているのが聞こえてきました。

「債権総論《さいけんそうろん》、なかなか面白いな」

「そうだな。債権者代位権《さいけんしゃだいいけん》なんてのがあるんだな」

「他人の債権を行使できるなんてウルトラCだよな」

「そうだな。それだけじゃない。債権者取消権《さいけんしゃとりけしけん》なんてのもあるんだな」

「他人の契約を取り消すことができるなんてウルトラマンタロウだよな」

文学部のキノシタにはちんぷんかんぷんの話でしたが、しばらく聞いていると、債権者代位権というのは、AさんがBさんに対してもっている債権があり、BさんがCさんに対して債権もある場合、AさんがBさんに代わってCさんに請求できるというものだということがわかりました。他人の債権を行使できるという制度のようです。債権者取消権は、同じようなケースでBさんがCさんとの間で行った契約をBさんに対する債権をもっているAさんが取り消してしまうもののようでした。他人どうしの契約を取り消すことができる制度のことでしょうか。

この話を聞いているうちに、キノシタの頭にあらぬ考えが浮かんできました。オレがあのいけすかないトダの野郎に債権をもっていたら、トダとミクちゃんが婚約しても取り消せるのか。それどころか、代位権とかいうのを使えば、代わりにオレがミクちゃんと婚約できてしまうかもしれない。

――そんなことを考えていると（そんなことできるわけないのですが）、突然キノシタの鼻からタラーと一筋の赤い液体が……。妄想しているうちに興奮して鼻血が出てきたのです。キノシタはポケットにあったティッシュを鼻に詰めると、逃げるようにその場を離れました。

授業を終え、キノシタが駅の方向にひとり歩いていると、ちょうど後ろから２人の女の子の声が聞こえてきました。それはユウナとミクでした。２人は話に夢中で、目の前を歩くキノシタのことには気づいていない様子でした。

「……それでキノシタくん、５００円貸してくれたんだ。やさしいよね、彼って。ちょっと斜にかまえた感じも見方によってはかわいいし」

「ユウナ、キノシタくん好きなの？」

キノシタは歩きながらごくりと唾を呑みこんで、ユウナの次の言葉を待ちました。

「そんなわけないでしょう。ありえない、ありえない」

彼女たちは後ろを歩いているので、ユウナの表情はわからないのですが、声のトーンからして、ほんとうに「ありえない」のは間違いなさそうです。

キノシタはがくんと肩を落としました。２人に気づかれないうちにこの場を立ち去ろうと、歩を速めました。

するとすると、「あれ？　まずった」というミクの声が。

「ミク、どうしたの？」

「お財布にお金がないの。さっき経済原論の教科書買ったらなくなっちゃったみたい。５００円もしたんだよ。でも今日は寄り道しないで帰るつもりだから、お金使うこともないと思うんだけど」

「でも心配じゃない。これもっていきなよ」

「いいの？」

「いいわよ。５００円くらい」

どうやらユウナがミクに５００円を貸してあげたようです。

キノシタは、法学部の学生が債権者代位権について議論していたことを思いだしました。キノシタがユウナに５００円を貸して、ユウナがミクに５００円を貸した。

「……おおおっ、と、と、ということは！」

キノシタは心の中でガッツポーズをしました。オ、オレがユウナちゃんに代わってミクちゃんに直接500円を返してもらうことができる、ということではないか。

興奮したせいか、収まっていた鼻血がまた噴き出しました。

「あれっ？　キノシタくんじゃない。どうしたの？　鼻から血出てるよ」

ユウナが言いました。

「ティッシュどうぞ。使って」

なんとミクがポケットティッシュを差し出してくれました。これは願ってもないチャンスです。キノシタはここぞとばかりにまくしたてました。

「オ、オレに500円返してください」

「は……？」

「サイケンシャダイイケンを使えば、オレは直接キミから……」

鼻から血をタラタラ流しながら、意味不明なことをつぶやくキノシタの姿に、ミクはドン引きしています。

「ミク、ヤバいよ。さあさあ、帰ろう」

ユウナはそう言うと、ミクの袖を引っ張ってズンズン校門のほうへ向かっていきました。

債権者代位権

債権者代位権というのは、法学部の学生の議論にもでてきましたが、債権者が債務者のもっている第三者に対する債権を行使することができる権利のことです。と言っても、これだけでは難しいと思うので、以下に説明していきましょう。

Aさんが Bさんに対して500円の貸金返還請求権をもっている。BさんはCさんに対して500円の貸金返還請求権をもっている。この場合、本来、AさんはBさんに「500円を返せ」と言えるだけで、BさんがCさんにもっている500円の貸金返還請求権を行使することはできないはずです。あくまで契約当事者はAさんとBさん、BさんとCさんで、それぞれ別々の契約だからです。

しかし法学部の学生が話していたように、Aさんが「Bさんのもっている Cさんに対する債権」を行使することができる場合があります。AさんがCさんに直接「500円返してください」と言える場合があるのです。これを「債権者代位権」と言います（民法423条1項）。

もっとも、どんな場合でもできるのかというとそれは違います。この権限が行使できるのはあくまで例外的な場合です。それは債務者（Bさん）が無資力の場合に限られるのです。民法の条文には「自己の債権を保全するため」としか書かれていませんが、裁判所の判例で、債権者代位権の行使は、保全される債権が金銭債権（お金を求める請求権）の場合、債務超過に陥っていること、債務者が無資力であることが必要だと解されています。

【ケース7】でいうと、キノシタがユウナに対して500円の貸金返還請求権をもっているからといって、ユウナが無資力ではない以上、ユウナのミクに対する500円の貸金返還請求権を行使することはできません。債権者代位権はあくまで債権を保全する必要性がある（すなわち、金銭債権の場合、債務者が無資力になっている）例外的な場合にだけ使えるのです。具体的には、以下の要件を満たした場合にのみ行使できます。

①債務者が無資力であること
②債務者がもつ債権が「一身《いっしん》に専属《せんぞく》する権利」（その人だけに帰属する権利で、他人には移動しない権利のこと）でないこと
③債権者が債務者に対してもつ債権の履行期が到来していること（ただし例外あり）

債権者取消権

これに対して「債権者取消権」というのは、債権者が債務者に対してもっている債権を保全するために、債務者が第三者との間で行った取引（契約）を取り消すことができる権利のことです。

AさんがBさんに対して1000万円の債権をもっていたところ、BさんがAさんに返済するのがイヤなので、唯一の財産である土地建物（時価5000万円）を親戚のCさんに50万円で売ったとします。このように債権者からの請求を回避するため、つまり債権者を害する意図で第三者に売るなどの取引をした場合、債権者がこの取引を取り消すことができる権利。これが債権者取消権です。「詐害《さがい》行為取消権」とも呼

ばれています（民法424条1項）。

債権者取消権は、他人の契約の効力を否定するものです。債権者代位権は代わりに請求するだけでしたが、債権者取消権はそれ以上に第三者に対しての干渉が強い権利です。あくまで例外的に認められる権利なので、その要件は法律で厳しく定められています。詐害行為があったときに、次の要件などを満たす場合に限って、その詐害行為の効果を否定できるものです。債権者取消権は、いわば最終兵器なのです。

①債務者が債権者を害することを知って法律行為をしたこと（詐害行為の存在）
②原則として、詐害行為の前に保全されるべき債権（被保全債権《ひほぜんさいけん》）が存在すること。
③その行為で利益を受けた者（受益者）や転得者が詐害の事実を知っていたこと（害意の存在）
④法律行為が財産権を目的とするものであること

なお債権者取消権は、訴えの提起（裁判）によって行使しなければなりません（民法424条1項本文)。また、債権者が取消しの原因を知ってから2年間で短期消滅時効にかかります(民法426条前段)。

債権者取消権は、自分には関係がない他人どうしの契約などの効力を否定できてしまう強力なものです。そこで民法は、いったん行われた契約がかなり後になってから、契約当事者ではない第三者から否定され、法律関係がひっくり返されてしまうことがないよう、債権者取消権については一般の債権よりも短い、2年という消滅時効を定めているのです。こうした「法律関係を早期に確定させる」ための規定を「短期消滅時効」と言います。

【民法423条　債権者代位権】

債権者は、自己の債権を保全するため、債務者に属する権利を行使することができる。ただし、債務者の一身に専属する権利は、この限りでない。

2　債権者は、その債権の期限が到来しない間は、裁判上の代位によらなければ、前項の権利を行使することができない。ただし、保存行為は、この限りでない。

【民法４２４条　詐害行為取消権】

債権者は、債務者が債権者を害することを知ってした法律行為の取消しを裁判所に請求することができる。ただし、その行為によって利益を受けた者又は転得者がその行為又は転得の時において債権者を害すべき事実を知らなかったときは、この限りでない。

２　前項の規定は、財産権を目的としない法律行為については、適用しない。

【民法４２６条　詐害行為取消権の期間の制限】

第４２４条の規定による取消権は、債権者が取消しの原因を知った時から２年間行使しないときは、時効によって消滅する。行為の時から20年を経過したときも、同様とする。

8時限　他人の土地を売る契約でも有効になる?

――他人物売買の効力（債権）

【ケース8】

「ほお、いい絵ですな。画家の魂が迫ってくるようです。ゴッホもピカソもそうだけど、ほんものの絵画には熱があり、光がある。苦悩があり苛立《いらだ》ちがあり静けさがある。しかしね、ゴッホやピカソもいいんだけど、じつはわたしが一番好きなのはドガとかユトリロなんですよ」と作家の南河仁正《みなみかわじんせい》は葉巻をくゆらせながら言いました。

「印象派の画家たちですね。フィンセント・ファン・ゴッホやパブロ・ピカソと違って、大胆さではなく繊細さや優しさがありますな。淡い桃色というか女性的なやわらかさとでもいいましょうか。エドガー・ドガに、モーリス・ユトリロ。さすが先生だ。おくわしい」

画商は作家をたたえました。

「それでだ。この絵はおいくらですかな。まだかけだしの画家のようだけど、ドガとユトリロのタッチに似ています。好みだ、この手の絵は。売れてしまう前に買っておきたいものだね」

作家は太い声で笑いました。

「先生もお目が高い。この絵ですと……そうですな。50万円といったところですな」

南河は、キャッシュで1万円札の束を渡すと、満足した表情を浮かべました。

「では絵の発送は1週間後くらいになります」と画商は少し声のトーンを落として言いました。南河は気にとめることなく「楽しみにしてますよ」と言って画廊をあとにしました。もうこの瞬間にはクライマックスに近づきつつある『太陽の近世』という連載のほうに頭が移っていました。黄色に染まった銀杏《いちょう》並木のメインストリートを歩きながら、心は躍動《やくどう》していました。

作家が絵を好むのには訳がありました。創作に火をつけアイデアが滝のように流れはじめる状態をつくるのに最適だったからです。名画には画家の芸術に対する執念がこめられています。その執念は怨念や無念であることもあるのですが、いずれにせよ作家がそれに近づくと、キャンバスに描かれた当時の匂いから画家の芸術性を吸い込むことができます。それが創作意欲につながるのです。例の絵についても、正直「少々値が張るな」とは思ったのですが、そこからインスパイアされるものの大きさを考えると安い買い物と言えました。

「しめしめ予想どおりだった。南河さんは必ずこの絵に目をつけると思ったが、オレの目もやはり捨てたもんじゃないな」――画商は自分に酔いながら、もらったばかりの1万円札の束に目をやりました。

画商はこの絵の所有者ではありませんでした。親しくしている銀座の画商を訪れ、素晴らしい絵なので見せてくれないかと借りてきたものだったのです。1週間で返す約束をしていましたので、明後日には返却する必要があります。しかしもう用はなくなりました。画商は絵を返しに銀座まで車を走らせました。

この画商は人から借りている絵を見せて、商売をしました。南河はすでに代金50万円を支払い、1週間後には絵が届くと思っています。

果たしてこんな詐欺のような契約は有効なのでしょうか。

他人物売買

すでにお話ししたように、民法には「**詐欺取消し**」という制度があります（民法96条1項）。したがって、もし詐欺取消しができるとすれば、南河は売買契約を取り消すことで、代金50万円を返してもらうことになるでしょう。しかし南河はお金のことはともかく、この絵を手に入れたいのです。

こうした立場からこの売買契約を有効と考えることはできないでしょうか。他人のモノを売る契約が成立するのか、有効なのかという議論です。

「そんなものが有効になるわけないじゃないか」と思われるかもしれません。しかし民法はこうした「他人の権利を売る契約」——「**他人物売買**《たにんぶつばいばい》」と言います——についても定めを設けています。なぜこういう定めがあるのかというと、商売の世界では、他人に所有権があるものでも、あとで交渉して入手することを前提に取引をする場合もあり得るからです。

具体的には、他人の権利を売買の目的としたときは、売主は、その権利を取得して買主に移転する義務を負う、というものです（民法５６０条）。

【ケース８】でいうと、作家に50万円で絵を売った画商（売主）は、その絵の所有者である銀座の画商からその絵を取得して（通常は買うことになるでしょう）、その絵の所有権を南河（買主）に移転させる義務を負うのです。

最終的に他人物売買をした売主がその権利を取得して買主に移転できなかった場合には、買主は契約を解除することができます（民法５６１前段）。損害があれば損害の賠償請求もすることができます。

たとえば、その絵が特殊なサイズの絵で、その絵を買わなければ本来必要がない額を購入してその絵を飾る場を確保してしまっていたような場合、その出費などについて損害賠償請求をすることができます（ただし、この損害賠償は、契約のときに他人物売買であることを買主が知っていた場合には、できません〈民法５６１条後段〉）。

また今回のケースは当たりませんが、売主が自分に権利がないことを知らないで売ってしまい、あとから自分に権利がないことが発覚したときは、権利を取得できなかった売主は、自ら損害賠償をしたうえで、その契約を解除することができます（民法562条1項）。

また買主のほうが、じつは売主に権利がないことを知っており、売主だけが知らなかったような場合には、売主が買主に売却した権利を移転できないことを通知すれば、契約を解除することができると定められています（民法562条2項）。

これが他人物売買について定められた民法の規定です。

＊

南河はどうしたかというと、驚くことに詐欺取消しもしなければ、契約の解除もしませんでした。つまり支払った50万円の返還を画商に請求しなかったのです。もちろん画商はその絵の所有権を取得することはできず、南河に絵の所有権を移転させることもできませんでした。

南河はあとから謝罪に訪れた画商に対して、「そうでしたか。でももうだいじょうぶです。このたびはありがとうございました」と言いました。だまされたという顔でもなく、ふざけるなという顔でもなく、しかしもとから知っていたという顔でもありませんでした。

南河はすでに『太陽の近世』のクライマックスを書き終えていました。その50万円は彼にとってはアイデア料だったのです。「どうせその絵は買い戻してもらう予定だったのですよ」と南河は言いました。

その後、『太陽の近世』は空前のベストセラーとなり、映画化、ドラマ化もされました。

「もう少し高くしておいてもよかったかな」――画商はそう思いながらも、満足した顔で映画館を後にしました。

【民法560条　他人の権利の売買における売主の義務】

他人の権利を売買の目的としたときは、売主は、その権利を取得して買主に移転する義務を負う。

【民法561条　他人の権利の売買における売主の担保責任】

前条の場合において、売主がその売却した権利を取得して買主に移転することができないときは、買主は、契約の解除をすることができる。この場合において、契約の時においてその権利が売主に属しないことを知っていたときは、損害賠償の請求をすることができない。

【民法562条　他人の権利の売買における善意の売主の解除権】

売主が契約の時においてその売却した権利が自己に属しないことを知らなかった場合において、その権利を取得して買主に移転することができないときは、売主は、損害を賠償して、契約の解除をすることができる。

2　前項の場合において、買主が契約の時においてその買い受けた権利が売主に属しないことを知っていたときは、売主は、買主に対し、単にその売却した権利を移転することができない旨を通知して、契約の解除をすることができる。

9時限　大家さんの許可なく部屋を又貸ししたら？

——無断転貸と信頼関係破壊論（債権）

【ケース9】

ヨシコは大家さんです。息子夫婦と孫2人と一緒に住む家の敷地内に、もう1軒木造の築40年の家があり、それをミキという若い女性に貸していました。

ミキは会社づとめのかたわら、ジャズダンスに熱をいれており、所属ダンスクラブのメンバー50人で年に2回は公演にも参加していました。背が高く容姿もいいミキはセンターで踊ることに生きがいを感じ、最近ではオーディションを受け、有名ダンサーと同じ舞台に立ったり、歌手のバックで踊ったりと活躍の場所を拡げていました。

築40年の木造家屋は2階建てとはいえ、相当に老朽化しており長く住みたい場所ではありませんでしたが、駅に近く家賃も月に5万円と格安でした。大家さんも品のいいおばあさんです。マンションと違ってダンスを存分にしても、下の部屋の住人に迷惑をかけることはありません。となりに大家さんの家がありますが、一軒家なので通常のボリュームで音楽をかけている限り問題はありません。

やがてミキはダンスの講師料が入るようになり、また付き合っている彼のマンションに立ち寄ることも多くなってきました。彼もミキが所属しているダンスクラブのメンバーでスタジオのすぐ近くに住んでいました。彼のところに泊まる日はスタジオで十分に練習できるので、家に帰って練習する必要はありません。そこでミキは、いままで住んでいた家を出て、彼と一緒に住むことにしました。

と、ちょうどそのころミキは、叔母から従弟のタカシが実家をはなれて一人暮らしをする部屋を探しているという話をききました。タカシは高校を出てプロになりたてのギタリストでした。最近では全国ツアーにも行くようになり、沖縄やら大阪やらいろいろな場所でライブもやっている、と叔母は言います。

「わたしがいま住んでいる家、けっこういいわよ。家賃は月5万円で2階建ての一軒家。駅にも近いし、夜遅くダンスをやっていてもぜんぜんだいじょうぶなんだ。よかったら、わたしが借りた状態のままで住んでみたら。気にいらなかったら出て行けばいいし。そうしたらわたしも解約するから。新しく部屋を借りるとなると敷金や礼金もかかるし、なにかとたいへんでしょう。ちょうどいいじゃない」

ミキがタカシに会ったときに、そう言うと、「じゃあ今度、ミキちゃんの家見せてよ」とタカシは話にのってきました。その週の土曜日にミキの家を訪れたタカシは部屋を気に入り、そこに住むことにしました。

ヨシコが同居する2人の孫のうちの1人は、ヒロシゲと言います。ヒロシゲはロースクールを卒業し、司法試験に挑戦していました。すでに2回受験したのですが、不合格。司法試験は受験回数が3回までですから、今年は最後の年、勝負の年でした。

ある日、2階にある自分の部屋でヒロシゲが法律書を読み込んでいたところ、とつぜん大きな音が響きはじめました。いったいなにが起きたんだ？　近所でこれほどまで大きな音を聴いたのは初めてでした。

よく聴いてみるとそれはエレキギターをかきならすような音でした。どこか野外ライブでもやっているのだろうか？ そう思ったヒロシゲでしたが、時計をみて思い直しました。いくらなんでもこんな夜遅くに野外ライブはないだろう。

閉めきっていたカーテンを開けると、窓からみえるとなりの貸家の1階の電気がついていました。そこからもれている音のようにも思えますが、よくわかりません。

ヒロシゲは民法の勉強を続けることにしましたが、いっこうに頭に入ってきません。エレキギターの音が重低音のように響き集中できないのです。ヒロシゲはそれ以上勉強することができず、いつもより早めに眠りにつくことにしました。

次の日も、さらに次の日も、ギターの音は深夜になると鳴り始めました。ヒロシゲは気が狂いそうになりました。なんでこんなに不運なんだ、最後の年だというのに。この爆音のせいで試験に落ちたらシャレにならないぞ。

ヒロシゲはそのことを同居している祖母のヨシコに相談しました。

耳が遠くなっているヨシコは、「そうかね」と最初はよく理解できていない様子で微笑んでいましたが、ヒロシゲが何度も訴えるうちにようやく事態を飲み込めたようです。

「じゃあちょっととなりの家をみてくるね。となりのコはミキちゃんっていうんだけどさあ、美人で明るくてねえ。踊りもやっていてコンサートなんかもやってるようだけど。とってもいいコでねえ」

「いいコだかどうだか。こんなボリュームでやられて近所迷惑も甚《はなは》だしいよ。とにかくちゃんと注意してよ」

ヨシコはとなりの家に行き、ドアをノックしました。明かりはついているのですが、だれも出てきません。それでも何度かノックをしていると、中から金色の髪を肩までたらした若者が出てきたのでした。

賃貸借契約と使用貸借契約

民法の話をしましょう。ここでは賃貸借契約《ちんたいしやくけいやく》が問題になっています。

「賃貸借契約」というのは、他人の物を一定期間にわたり使用および収益をさせることの対価として賃料をもらう合意のことです（民法601条）。わかりやすい例を挙げると、建物であれば、マンションやアパート、あるいは一軒家の賃貸です。借りた人は、そのマンション、アパート、一軒家に住むことができます。基本的には自由に使えます。ただしその代わりに、大家さんに毎月の家賃を払います。これが賃貸借契約の例です。賃貸される物件は、マンション、アパート、一軒家のほか、土地もあり、不動産が多いです。賃貸マンションに住んでいる人は大家さんとの間で賃貸借契約を締結しているはずです。

賃貸借契約は家賃や地代などの賃料を支払う有料の貸し借りです。このように対価の支払いがある契約を「有償契約《ゆうしょうけいやく》」と言います。

これに対して、親戚や親子などのあいだで行われるような、家賃や地代はとらずに無料で貸し借りをする場合を「使用貸借契約《しようたいしゃくけいやく》」と言います（民法593条）。無料で貸し借りを行う契約なので「無償契約《むしょうけいやく》」と言います。

賃貸借契約の特殊性

不動産の賃貸借契約は、売買契約や消費貸借契約などとは異なる面をもっています。それはこの例でもわかるように、「人が生活をする場所を確保するため」の契約になっているという点です。

大家さん（あるいは土地を貸す地主さん）にとってみれば、家やマンション、アパートはあくまで家賃や地代収入を生み出す物件に過ぎません。しかしそこに住み家賃や地代を支払う賃借人《ちんしゃくにん》（「ちんがりにん」と呼ぶ場合もあります）にとっては、追い出されてしまうと生活する場所を失ってしまうことになります。

そこで、民法は賃貸借契約について契約期間などさまざまな規定を定めています。またそれだけでは力の弱い賃借人が追い出されて生活の場を失うおそれがあるため、「借地借家法《しゃくちしゃくやほう》」という民法の特別法もつくられ、「正当事由」などがない限り、安易に賃借人を追い出してはいけないといった定めも設けられています。

これらは賃貸借契約書で特約を設けたとしても排除できない強行規定とされており、「契約自由の原則」が修正される場面として有名です。裁判などの紛争が絶えないのも賃貸借契約の特性です。家賃の増額請求から、原状回復請求《げんじょうかいふくせいきゅう》（賃借人が部屋をでる際に借りたときと同じ状態に回復しなければならない義務）、敷金の返還請求、明渡し（立退《たちの》き）の可否から、更新料の有効性まで、さまざまな紛争のタネがあります（最近では２０１１〈平成23〉年7月15日に最高裁判決が言い渡され、あらかじめ契約で定めた更新料を消費者契約法に違反せず有効とする判断がありました）。

無断転貸は無効か？

民法の教科書でよく問題として載っているのは、無断転貸《むだんてんたい》の事例です。大家（地主）に無断で、第三者に又貸しをすることができるか――これが「無断転貸の有効性」という論点です。ミキは従弟のタカシに又貸しをしました。従弟だからべつに許されるような気もしますが、果たしてこの無断転貸は有効なのでしょうか。

この点、民法では、賃借人は賃貸人の承諾を得なければ、賃借権を譲渡したり、賃借物を転貸することはできないと定められています（民法６１２条１項）。そして賃借人がこの規定に違反して第三者に無断で転貸（あるいは賃借権の譲渡）をし、実際に使用収益させた（実際に住み始めるなどした）場合には、賃貸人は賃借人との間の賃貸借契約を解除できると定めています（民法612条2項）。

ということは、賃貸人（大家）であるヨシコに無断で転貸をした賃借人のミキは、ヨシコから賃貸借契約を解除される可能性があることになります。ヨシコが解除権を行使すれば、民法の定めにしたがい解除が認められることになるでしょう。そうすれば、ミキから転貸をされたとはいえ、もとの賃貸借契約が消滅した以上、転貸人であるタカシもそこに住み続ける権限はないことになります。

この場合さらに住み続ければ、ヨシコはタカシに対して明け渡しを求めることができます。また、不法行為に基づく損害賠償請求として、権限なく住み続けている不法《ふほう》占拠者《せんきょしゃ》（タカシ）に対して賃料相当額の請求などをすることが可能になります。

信頼関係破壊の法理

もっとも賃貸借契約というのは、もともと賃貸人と賃借人との間の信頼関係で成り立っているものです。ヨシコも唯一の物件であるとなりの一軒家をミキひとりに貸していました。庭で会うと2人は談笑をし、仲良く話をしていたようです。こうした信頼関係があってこそ長期にわたる契約関係が持続できるのです。マンションの場合には両者の関係が密ではないこともあるかもしれませんが、それでも賃借人がそのマンションを借りる際には賃貸人からの厳密なチェックがあったはずです。大家さんにとって好ましくない住人はその時点で排除されるという意味で、やはり信頼関係をベースにした関係が賃貸借契約の基本だといえます。

売買契約や消費貸借契約が通常一回きりのものに過ぎず、代金を完済したり、貸金を完済すればそれで契約関係が消滅するのとは違うのです。賃貸人はその物件に住むにあたり必要な費用を負担する義務を負います（民法６０８条１項）。修繕費用も原則として賃貸人が負担する義務を負っています（民法６０６条１項）。家賃も毎月同額を支払い続けるのが通常でしょう。たとえ顔をあわせない関係にあったとしても、お互いになすべきことが長期間にわたって継続するのが賃貸借契約です。これが信頼関係の意味です。

このように賃貸借契約が一定期間にわたる信頼関係を基礎に成立するものであるた

め、民法は賃借人が賃貸人に無断で又貸し（転貸）するような行為があったときは、賃貸人に賃借人との契約を解除する権限を与えています（民法612条2項）。無断転貸は、通常「背信的行為」と言えるからです。

しかし逆に言うと、**背信的行為**とは言えないような場合にまで、無断で転貸したからという理由で賃貸人に解除権を認める必要はないようにも思えます。たとえば自分の両親や子ども、親戚などを住まわせるといったような転貸もありえます。友人に一時的な間貸《まが》しをするようなケースもあるかもしれません。この場合、賃貸人としては賃料さえもらえて、物件を通常どおりに使ってもらえる限り損害はありません。

判例も「**背信的行為と認めるに足らない特段の事情**」がある場合には、無断転貸でも民法612条2項の適用は制限され、賃貸人は賃借人との契約を解除できないとしています（最高裁昭和28年9月25日判決・民集7巻9号979頁）。

ヨシコはミキとの賃貸借契約を解除できるか？

では、ヨシコはミキとの賃貸借契約を解除できるでしょうか。

民法612条2項がある以上、無断転貸をし、実際にタカシを住まわせた段階で、賃貸人であるヨシコには解除権が発生するのが原則です。もっとも、さきほどの判例のように「背信的行為と認めるに足らない特段の事情」があれば、ヨシコの解除権は発生しないことになります。

ここで問題になるのは、ミキが住んでいたときの使い方とタカシが住み始めてからの使い方の違いです。ミキはダンスの練習を深夜までしていましたが、それは周囲に迷惑をかけるようなものではありませんでした。これに対して、タカシはエレキギターをとなりに住むヒロシゲが勉強に集中できなくなるほどの大音量でかきならし、周囲に迷惑をかける使い方をしています。

たしかに転貸人（賃借人）と転借人は従姉弟どうしであり、親戚関係ですから、通常の使い方をするのであれば「背信的行為」とは言えない可能性もありました。しかしタカシの使い方では信頼関係が破壊されたと言っても過言ではありません。「背信的行為と認めるに足らない特段の事情」があるとは言えないと考えられます。

したがって、賃貸人であるヨシコが望む限りは、ミキとの賃貸借契約を解除することができると言えそうです。

＊

それでもヨシコは、ミキとの賃貸借契約を解除することはしませんでした。

「音が大きいので、ちょっとボリュームを落としてもらえませんか」

ヨシコが金髪で長髪の若者にそう言ったところ、若者は驚いた顔をしてすぐに頭を下げたのです。

「すみませんでした。ヘッドフォンにつなげて、音が漏れないようにしていたつもりだったのですが……。あっ、ごあいさつが遅れましたが、僕はミキの従弟で、タカシと言います。今度改めてごあいさつに伺います」

次の日、タカシがお菓子をもってヨシコの家を訪れました。「今度から気をつけます」と言ったとおり、夜の騒音もなくなりました。静かな環境が戻ったヒロシゲは勉強に集中し、その年の司法試験でみごと合格を果たしました。

それから10年のときが経過しました。ミキは仕事を辞めてダンス一本にしぼり、今やテレビの音楽番組やコンサート、映画、舞台とさまざまなシーンで活躍する有名なダンサーになりました。

弁護士になったヒロシゲは、窓を開け、夜空に向かい、つぶやきました。

「おばあちゃん、ミキさんもがんばっているみたいだよ。それから、彼女の従弟のタカシ君が今日ソロデビューするんだってさ。すごいもんだよな」

2年前に天国へと旅立った祖母の微笑む顔が、満天の星空に一瞬浮かんだように、ヒロシゲには思えました。

【民法593条　使用貸借】

使用貸借は、当事者の一方が無償で使用及び収益をした後に返還をすることを約して相手方からある物を受け取ることによって、その効力を生ずる。

【民法601条　賃貸借】

賃貸借は、当事者の一方がある物の使用及び収益を相手方にさせることを約し、相手方がこれに対してその賃料を支払うことを約することによって、その効力を生ずる。

【民法606条　賃貸物の修繕等】

賃貸人は、賃貸物の使用及び収益に必要な修繕をする義務を負う。

（2項は、略）

【民法608条　賃借人による費用の償還請求】

賃借人は、賃借物について賃貸人の負担に属する必要費を支出したときは、賃貸人に対し、直ちにその償還を請求することができる。

（2項は、略）

【民法612条　賃借権の譲渡及び転貸の制限】

賃借人は、賃貸人の承諾を得なければ、その賃借権を譲り渡し、又は賃借物を転貸することができない。

2　賃借人が前項の規定に違反して第三者に賃借物の使用又は収益をさせたときは、賃貸人は、契約の解除をすることができる。

10時限　中学生の息子がした万引きの責任は？

――未成年者の監督責任（不法行為）

【ケース10】

ある日中学1年生のヨシキは、同級生のヒロシから「気晴らしでもしないか」と誘われました。その前の授業中に担任の先生から、よそ見をしていてどなられた腹いせにちょうどいいかと思いました。

ヨシキは学校の成績はもともと優秀でした。しかし担任の先生とそりがあわず「授業態度がわるい」とささいなことでどなられたり、長い説教をされたりということが重なり、最近は成績が落ち始めました。そのころから、ワルで鳴らすヒロシとの付き合いが始まったのです。

ヨシキは最初となり町の中学生にケンカでも売るのかと思っていました。しかしヒロシに連れられて行ったのは駅前の本屋さんでした。

「おいおい、なんだよ。どうしたんだよ、まさかオマエが勉強か」

ヨシキは笑いました。しかしヒロシは細い目を鋭くして言いました。

「いいか、オレは素晴らしい能力を手に入れた。それをこれから見せよう。いや、見せたいところだが、まずは外で待っててくれ」

言われたとおりヨシキが外で待っていると、しばらくしてヒロシが戻ってきました。

「いったいなにをしたんだ?」

ヨシキがたずねると、にやりと笑みを浮かべたヒロシが両手をひろげました。「これだよ、これ」。みるとそこには2冊のコミックがありました。いま中学生に大人気のマンガでした。「それがどうしたんだ。オレだってもってる」と言いかけてヨシキは、そのコミックには書店のブックカバーもかかっていなければふくろにも入っていないことに気づきました。立ち読み防止のビニールにくるまれたままです。

「オ、オマエ。まさか……」

「そうだ。そのまさかだ。オマエにも教えてやる。コツがあるんだよ。絶対につかまらないコツがね。店と時間帯と場所と品物に注意すればだけどな」

そう言うとヒロシは、コンビニ、ドラッグストア、CDショップをまわり、すべての店でまんまと商品をせしめてきました。戦利品のいくつかをヨシキは〝お裾《すそ》分《わ》け〟してもらいました。

「タダでいいのか」と聞くと、「いいんだ。ただしこれからはオマエも仲間だ。このことはだれにも言うなよ」とヒロシは言いました。これがきっかけでした。

ヨシキは家に帰ると戦利品を自分の部屋の床に広げました。マンガ本が3冊、スナック菓子が4袋、ヘアワックスに髪染め、海外ロックバンドの2枚組CD……。

「大人はバカだ。担任もバカだが店のヤツらはもっとバカだ。親もバカだ。だれも見抜けないし、だれも気づかない。警察もバカだ」

そうつぶやくと、ヨシキはベッドに寝ころんで、タバコに火をつけました。未成年者の喫煙はもちろん法律で禁止されていますが、ヨシキはおかまいなしです。

しかしわるいことはできません。慣れが油断を生み、ヒロシから「危ないから手を出すな」と言われていた映画のＤＶＤを万引きし、ＣＤショップの私服警備員につかまってしまったのです。

事務室に連れて行かれたヨシキは、警備員に促され、カバンにためこんでいた〝戦利品〟をテーブルの上にすべて吐き出しました。

事務所にいた店長の男性は「こういうの困るんだよね。見つかった以上は……警察だ。……わかるよね」と言いました。

どうやらヨシキは警察に連行されることになるようです。ひとりで来なければよかった。やりすぎた。

ヨシキが両手で頭を抱えていると、警備員となにやら話し込んでいた店長が、ヨシキに向かって言いました。

「今日はもういい。ただし君の親御さんを呼ぶからね」

店長がヨシキから聞いた番号に電話をかけて30分もすると、母親が現れました。

これまで見たことがないくらい青白い顔をした母親は、いきなりヨシキのほおを平手で3発立てつづけに張ると、「わたしが万引きしたんじゃないから、弁償はしませんよ。あなたが自分で弁償しなさい」と言い放ち、すぐに踵《きびす》を返すと、そのまま事務室を出て行ってしまいました。

店長と警備員、そしてヨシキの3人は思わず顔を見合わせました……。

責任無能力者の監督責任

未成年者の犯したあやまちについて親が責任を負うのは、本来当然のことだとも思えますが、民法はどのように考えているのでしょうか。

「責任無能力者の監督責任」といって、「責任無能力者」が第三者に加えた損害については、「責任無能力者」に対して監督義務を負っている者が責任を負うことになっています（民法714条1項）。

「責任無能力者」と言いましたが、未成年者の場合、年齢が低ければ低いほどこれに当たる可能性が高くなります。「未成年者」というのは、年齢が満20歳未満の人のことを言います（民法4条）。未成年者が他人に損害を加えた場合、「自己の行為の責任を弁識《べんしき》するに足りる知能」を備えていない場合には責任を負わないとされています（民法712条）。ここにいう「自己の行為の責任を弁識するに足りる知能」というのが「**責任能力**」です。責任能力は、11歳で「ある」とされた例、12歳で「ない」とされた例もあります。

未成年者の親（親権者）は未成年者に対して監督義務を負っています（民法818条1項・民法820条）。そこで親は監督責任を負うことになります。そして特に、責任能力がない未成年者の子が行った第三者への加害行為については、親が「責任無能力者の監督責任」を負うことになるのです（民法714条1項）。

ただし、監督義務を怠らなかった場合や、監督を怠らなくても損害が生ずべきであった場合には親も責任を負わないとされています（民法714条1項ただし書き）。ただし、これはあくまで例外です。親は監督者として、責任能力がない未成年者の子が第三者に加えた損害について責任を負うのが原則なのです。

過失責任の原則の修正

責任無能力者の監督者が原則として責任無能力者の加害行為について無条件に責任を負うというのは、民法の基本原理である「過失責任の原則」（46ページ）が修正されたものということができます。過失の有無を問わず監督者に責任を負わせる点で、「無過失責任」に近いものだと言えるからです。

もっとも監督義務を怠らなかったことなどを証明することができれば、責任を負わないとされています。この意味で「中間責任」だと説明されています（「過失責任」と「無過失責任」の中間にある責任という意味です）。

したがって、中学1年生のヨシキが責任無能力者だと認定されれば、両親は監督責任を負うことになります。ただし実際には、こうした議論をするまでもなく、親が解決金や損害賠償金を支払うことで、示談（和解）が成立するケースが多いです。

【民法4条　成年】
年齢20歳をもって、成年とする。

【民法712条　責任能力】
未成年者は、他人に損害を加えた場合において、自己の行為の責任を弁識するに足りる知能を備えていなかったときは、その行為について賠償の責任を負わない。

【民法714条　責任無能力者の監督義務者等の責任】

前二条の規定により責任無能力者がその責任を負わない場合において、その責任無能力者を監督する法定の義務を負う者は、その責任無能力者が第三者に加えた損害を賠償する責任を負う。ただし、監督義務者がその義務を怠らなかったとき、又はその義務を怠らなくても損害が生ずべきであったときは、この限りでない。

（2項は、略）


【民法818条　親権者】

成年に達しない子は、父母の親権に服する。

（2項以下は、略）

【民法820条　監護及び教育の権利義務】
親権を行う者は、子の利益のために子の監護及び教育をする権利を有し、義務を負う。

11時限　従業員が会社のトラックで事故を起こしたら？
——使用者責任と外形標準説（不法行為）

【ケース11】

運送会社でトラックの運転手をしているタクジは、ここ1か月近く過酷な勤務状況が続いていていました。労働条件のわるさと給料の低さから一度に多くの従業員が退職してしまい、そのしわ寄せで残業が増えていたのです。

愛社精神の強いタクジはいまこそ会社のためと思って働きました。幼稚園に通う2人の娘と話をする時間は、この1か月ほとんどありませんでした。深夜に寝息をたてている娘の顔を見ると同時に眠りに落ち、早朝には起きてすぐにまた仕事。そういう日々が続いていていました。

出がけに妻のミサコから、「休みをとったほうがいいんじゃないの？」と言われるのですが、いまの会社の状態では休んでいられる状況ではありません。

そんなタクジも睡眠不足には勝てませんでした。つい居眠り運転をしてしまい、横断歩道を歩いていたおばあさんを轢《ひ》いてしまったのです。どすんという音と同時に目覚めたタクジは、あわてて急ブレーキを踏みました。しかし、タクジが運転していたトラックは歩道を乗り越え、民家の塀に激突しました。

トラックは大破しましたが、塀にぶつかる直前にとっさにハンドルを切ったので、なんとか自分はケガをせずにすみました。しかし、おばあさんに全治3か月の重傷を負わせてしまったのです。

交通事故の原因は居眠り運転による信号無視ですから、被害者との関係では一方的にタクジに過失があります。タクジは被害者から多額の損害賠償請求を受けることになりそうです。

しかし妻のミサコとしては納得がいきませんでした。これまで無事故無違反を誇っていた夫をこうなるまでに追いつめたのは、会社だからです。

これはすべて会社の責任と言うべきではないかしら。わたしたちが賠償しなければならないなんて、あまりにひどすぎる。わたしのほうが会社に賠償請求をしたいくらいだわ。

果たしてミサコの言い分は通るのでしょうか。

従業員の不法行為責任

この点について、民法の規定に沿って考えてみましょう。

まずタクジがおばあさんや民家の住人に対して損害賠償責任を負うのは当然です。居眠り運転をし、信号無視をしたという過失があるからです。過失によって被害者に損害を与えた加害者は、その損害について損害賠償責任を負います。

このことはすでにお話をした民法709条に書かれています。「**不法行為に基づく損害賠償責任**」です。民法の大原則である「過失責任の原則」から言っても、タクジには明らかに過失があります。責任を免れることはできません。

もちろん被害者にも過失があれば、「過失相殺《かしつそうさい》」がされる余地もあります（民法722条2項）。しかし本件ではそうした事情はありません。損害の全額について、タクジが責任を負うと言わざるを得ません。

会社の使用者責任

これに対して会社はどうでしょうか。

この点、民法は「使用者責任《しようしやせきにん》」という損害賠償責任を定めています（民法715条）。これは、被用者（従業員）が業務の執行に際して第三者に不法行為責任を負うような行為をしてしまった場合に、使用者（この場合は会社）も被害者に対して同じ損害賠償責任を負うというものです。

ただし、使用者が被用者（従業員）の選任および監督について相当の注意をしたときには、使用者は責任を負わないとされています（民法715条1項ただし書き）。しかし「相当の注意」などを立証することは難しく、またあくまで会社の側で立証できた場合に限られます。したがって、「使用者責任」は「過失責任の原則」という民法の原則が修正され、「無過失責任」に近い責任が問われている場面と言えます（ただし、相当の注意があれば責任を免れることも可能なので、「中間責任」だと言われています）。

使用者（会社）は被用者（従業員）を使うことで利益を得ています。そうである以上、そこから生じる危険についても責任を負うべきと考えられているのです（使用者責任）。これを「報償《ほうしょう》責任《せきにん》」と言います。「利益の存するところに危険あり」「利益の存するところに責任あり」という考え方です。

したがって、タクジの会社は従業員であるタクジが業務中（トラックの運転中）に起こしてしまった交通事故について、被害者に対して損害賠償責任を負うことになります。

もっとも会社が被害者に損害賠償責任を負うのは、被害者を救済するためです。従業員よりも従業員を雇用している会社のほうがはるかにお金をもっているからです。

被害者からすれば、タクジのように安月給でこきつかわれている従業員よりも、それによって利益を得ている会社のほうに損害賠償請求をしたい、そう考えるのが自然でしょう。

求償権の行使

こうして被害者に損害賠償金を支払った会社は、次になにを考えるでしょうか。会社としては対外的には責任をまっとうしました。しかし事故は、居眠り運転に信号無視などという トラック運転手として絶対にやってはいけない行為をしたタクジが引き起こしたものでした。会社としては、本来的に損害賠償責任を負うべき従業員に対して責任を追及したくなるはずです。

民法は、「使用者責任」を果たして被害者に損害賠償金を支払った使用者は、被用者(従業員)に対して「求償《きゅうしょう》」できると定めています(民法715条3項)。これを「求償権」と言います。この規定によれば、会社はタクジに求償権を行使して、会社が支払った損害賠償金の填補(埋め合わせのこと)を求めることができるはずです。

しかしそれは妥当でしょうか。タクジが居眠り運転をした事実そのものに着目すれば、タクジに責任があるのは明らかでしょう。けれども、そういう状況を招いたのは、

1か月にわたって休みも与えずタクジを酷使していた会社です。それにもかかわらず、タクジに求償できるというのはいかがなものでしょうか。

この点について判例は、使用者が被用者（従業員）に対して行使できるとされている求償権も、事情によっては制限される場合があることを認めています（最高裁昭和51年7月8日判決・民集30巻7号689頁）。不法行為責任は、「**被害者の救済**」だけでなく「**損害の公平な分担**」を図るために定められた規定だと考えられているからです。タクジのようなケースにまで全額求償できるとすることは、「損害の公平な分担」とは言えません。タクジを酷使することで従業員の不足という状況を補ってもらい、利益を得ていた会社も責任を負担すべきと考えられるからです。

そこでこの判例は、①事業の性格、規模、②施設の状況、③被用者の業務の内容、労働条件、勤務態度、④加害行為の態様、⑤加害行為の予防若しくは損失の分散についての使用者の配慮の程度、⑥その他諸般の事情を考慮し「損害の公平な分担」という見地から、信義則《しんぎそく》上相当と認められる範囲内でのみ、求償権を行使できるとしています。

信義則と権利濫用

ここにいう「信義則」とは、権利を行使し、あるいは義務を履行する際に、信義に基づき誠実に行うべきことを定めた民法の「一般原則」のことです（民法1条2項。33ページ）。信義則は、このように民法の条文に直接定められていないことを、条文の解釈で補足する場合に使われることがあります。

一般原則としては、「信義則」のほかに「権利濫用《けんりらんよう》」と呼ばれる法理もあります（民法1条3項）。権利といえども濫用的な使い方をする場合には、それが制限される場合もあるとする考えです。

もっとも、こうした一般原則は、どのような場合に適用されるかが不明確になりがちです。したがって「信義則」も「権利濫用」も、それを適用しないとひどいことになりかねないような場合に限って例外的に適用されるものだと考えられています。一般原則は、安易に使ってはいけないと考えられているのです。

外形標準説

ところで、もしタクジがトラックを運転していたのが、勤務時間外だったらどうなるのでしょうか。業務終了後に会社のトラックを運転してデパートに買い物に行く途中で、交通事故を起こしてしまったような場合です。

こうした場合でも、会社は使用者責任を負うと考えられています。これを「外形《がいけい》標準説《ひょうじゅんせつ》」と言います。使用者責任の本質は「報償責任《ほうしょうせきにん》」でした。「利益を得ている会社は危険（責任）も負担する」――こういう考えです。

被害者からすると、会社の名前が入った運送会社のトラックに事故を起こされれば、それが勤務中なのか勤務外なのか区別がつきません。

そこで、実情を知らない人が外からながめたときに、会社の業務とみられる事情がある場合には、会社に使用者責任が発生すると考えます。これを、外から見える形で業務の執行の範囲内かどうかを判断するという意味で、「外形標準説」と呼びます。

【民法1条　基本原則】

私権は、公共の福祉に適合しなければならない。

2　権利の行使及び義務の履行は、信義に従い誠実に行わなければならない。

3　権利の濫用は、これを許さない。

【民法715条　使用者等の責任】

ある事業のために他人を使用する者は、被用者がその事業の執行について第三者に加えた損害を賠償する責任を負う。ただし、使用者が被用者の選任及びその事業の監督について相当の注意をしたとき、又は相当の注意をしても損害が生ずべきであったときは、この限りでない。

2　使用者に代わって事業を監督する者も、前項の責任を負う。

3　前二項の規定は、使用者又は監督者から被用者に対する求償権の行使を妨げない。

【民法722条　損害賠償の方法及び過失相殺】

（1項は、略）↓86ページ

2　被害者に過失があったときは、裁判所は、これを考慮して、損害賠償の額を定めることができる。

12時限　奥さんが勝手に買ってきた商品の代金は？
——日常家事の連帯債務（親族）

【ケース12】

フミコはマサオと結婚して12年になります。女子高を卒業してしばらくした20歳のころに出会った10歳年上のマサオは、社会人の余裕、大人の魅力にあふれていました。ところが結婚してしばらくたつと、それもどこかに消えてしまったようです。

といっても20歳そこそこで結婚して、2人の子どもを育てるうちに時間はあっという間に過ぎていきました。結婚当初は、高校時代の友人が独身貴族を謳歌《おうか》するのをうらやましく思うことはありましたが、子育てに追われているうちにそんなことを思う余裕もなくなってしまいました。子どもの親どうしの付き合いや親戚付き合いがメインとなり、仲が良かった女子高時代の友人とはすっかりご無沙汰になっていました。

しかし、子どもが小学校に通うようになって、フミコには少し時間の余裕ができました。そこで、当時仲良しだった友人3人——メグミとアリサとシホ——と修学旅行に訪れた京都を十数年ぶりに再訪することにしたのです。当時はあまり興味がなかったお寺をゆっくり回ったり、京料理に舌鼓《したつづみ》を打ったり、おしゃべりに興じたりして、あっという間に時間が過ぎていきました。

そして3泊4日の最終日、家族へのおみやげをなににしようかと思いながら路地を歩いていると、1軒の高級家具の店が目に止まりました。1人ならこういうお店にはまず入らないところですが、旅先で気が大きくなっているのと、アリサに「ここ雰囲気よさそうね。ちょっとのぞいてみない？」と背中を押されたことから、つい中に入ってしまいました。

それだけならよかったのですが、アリサやシホがペルシャ絨毯《じゅうたん》を買うのを見て、女どうしの見栄《みえ》の張り合いも手伝って、フミコはつい50万円もするフランス製のベッドを衝動買いしてしまったのです。

帰りの新幹線でフミコは、憂鬱《ゆううつ》な顔をして車窓を眺めていました。あれから、フランス製の高級ベッドを皮切りに、高級ソファなど合わせて100万円近い買い物をしてしまったのです。ふだん節約をしているぶん、その反動で堰《せき》を切ったように欲しいものを買いあさってしまったわけです。

ああ、いったい、なにやってるんだろう、わたし。住宅ローンもあるし、これから子どもの教育費も増えていくばかりだというのに。倹約家《けんやくか》のマサオの怒る顔が車窓に二重写しになって、フミコは思わず目を閉じました。フミコは「わたしは夫の代理人です。夫に頼まれまして」と出まかせを言って、代金は後払いで買い物をしました。請求書が後日、夫のマサオに届くはずでした……。

それから1週間後、身に覚えのない請求書を見て、マサオは血相を変えました。

「な、なんだ、この98万5000円っていうのは！　京都でこんなに買い物をしたのか……。いいか、オレは1円も払わないからな。オマエが全部自分で払え！」

マサオはフランス製の高級ベッドを力まかせに蹴飛《けと》ばすと、そのまま寝室を出て、自分の部屋に閉じこもってしまいました。

果たして妻が買った商品の代金を、夫は支払う必要があるのでしょうか。

たしかに契約をしたのはフミコと高級家具店です。マサオはフミコに買ってくるよう頼んだわけでもありません。マサオに代金を支払う義務はないようにも思えます……。

夫婦別産制

民法では、夫婦がそれぞれの名義で購入した財産は、それぞれ個人のものになることを定めています。夫婦だからといって財産がすべて共有になるというのではなく、それぞれが個人で財産を取得できるのです（民法762条1項）。これを「夫婦別産制《ふうふべっさんせい》」と言います。

夫婦といえども、個人主義のもとでは、それぞれが単独で財産を取得できることを制度の原則としているのです。もっとも、たとえばマンションを共有名義にするなど、共有制度を利用することは自由です。ただし、たとえば夫の単独名義で建物を取得した場合、その建物は夫婦の共有財産ではなく、あくまで夫個人が所有していることになるのです。

実際には名義がだれであれ夫婦である以上、そこに同居したからといって妻が夫から家賃を求められるわけではありません。しかし建前としては単独所有を認めています。これが「夫婦別産制」です。

これが離婚の場面になったときには「財産分与《ざいさんぶんよ》」という制度によって、結婚生活中に築いた財産は、原則として半々に分けることになります〈民法768条1項〉。しかしこれは婚姻関係を解消する場合のことです。こうしたことがない以上は、夫婦は共同生活をするとしても、財産は個人が別々に所有できるのが原則なのです（もっとも、どちらの財産か明らかでない財産については、夫婦の共有だと推定されると定められています〈民法762条2項〉）。

日常家事債務の連帯責任

このように考えると、妻が個人で購入した商品の代金は、妻個人に支払いの義務があることになります。夫は妻に購入を頼んでもいません。よって、夫に支払いの義務はないようにも思えます。

常識的に考えると、妻の買い物だからといって夫が支払いを拒否するということはあまりないでしょうが、先のケースのように、夫婦のどちらかが法外な買い物をして、夫か妻がその支払いを拒否する場面というのは、現実にはよくありそうです。

こうした場合についても、民法は次のように定めています。それは、配偶者の一方が日常の家事の範囲内で購入した物の代金については、配偶者の他方も連帯して支払うべき義務を負うというものです（民法761条）。これを「日常《にちじょう》家事《かじ》債務《さいむ》の連帯責任」と言います。これは、日常の家事の範囲内のことについては、夫婦が互いに代理権をもちあっているということだと理解されています。

しかし、日常家事を超えるような高価な（しかも不必要な）物を購入した場合には、日常の家事の範囲内に当たらないため、商品を購入していない夫婦の一方は支払いをする義務を負わないことになります。

もっとも民法の考えでは、第三者（この場合、売主）を保護する必要があります。

そこで、夫婦の日常の家事の範囲内だと信ずべき「正当な理由」がある場合には、権限外の代理行為をした場合の民法110条の趣旨を類推適用して、他方の配偶者に責任を負わせるべきだと考えられています（最高裁昭和44年12月18日判決・民集23巻12号2476頁）。

つまり、たとえば、（ほんとうは夫から頼まれていないにもかかわらず、夫の代理人として買い物に来た）妻に高級家具などを売った売主（家具販売店）は、それがその夫婦の日常の家事行為だと信じたことに相当な理由があれば、当該夫婦にとって日常家事の範囲を超える買い物だったとしても、そのことを知らなかった夫が売主（家具販売店）に代金の支払義務を負うことになるのです。

配偶者は責任を負うか？

さてマサオは、フミコの買い物の代金の支払義務を負うのでしょうか。

この場合、フランス製の高級ベッドをはじめ総額100万円近い商品の数々が、マサオとフミコの日常の家事債務かどうかが問題になります。

夫婦の日常家事の範囲がどれくらいのものかを、お店の店員が把握《はあく》するのは困難です。高級ベッドとはいえ家具であることを考えると、その夫婦にとっては日常生活の範囲内の買い物だと思われてもおかしくありません。したがって、やはりマサオも責任を負うことになる可能性が高いでしょう。

なお、家族カードを使っての買い物の場合、請求書の支払先である夫が、カード会社との関係で妻のカードの利用分についても連帯保証人になるなど支払いを約束しているのが通常です。したがって、家族カードでの購入の場合は、日常家事の議論をするまでもなく、夫はカード会社からの請求を拒否できない可能性が高いです。

家族カードなどであらかじめ妻の利用分についても支払いを約束しているような場合でなく、妻が夫に無断で夫の代理人として高額な買い物をした場合には、その夫婦にとって日常家事の範囲内か、相手に正当な理由があるかによって結論が決まります。

【民法761条　日常の家事に関する債務の連帯責任】

夫婦の一方が日常の家事に関して第三者と法律行為をしたときは、他の一方は、これによって生じた債務について、連帯してその責任を負う。ただし、第三者に対し責任を負わない旨を予告した場合は、この限りでない。

【民法762条　夫婦間における財産の帰属】

夫婦の一方が婚姻前から有する財産及び婚姻中自己の名で得た財産は、その特有財産（夫婦の一方が単独で有する財産をいう。）とする。

2　夫婦のいずれに属するか明らかでない財産は、その共有に属するものと推定する。

【民法768条　財産分与】

協議上の離婚をした者の一方は、相手方に対して財産の分与を請求することができる。

2　前項の規定による財産の分与について、当事者間に協議が調わないとき、又は協議をすることができないときは、当事者は、家庭裁判所に対して協議に代わる処分を請求することができる。ただし、離婚の時から2年を経過したときは、この限りでない。

3　前項の場合には、家庭裁判所は、当事者双方がその協力によって得た財産の額その他一切の事情を考慮して、分与をさせるべきかどうか並びに分与の額及び方法を定める。

13時限　成年被後見人から土地を譲り受けていいの？――利益相反（親族）

【ケース13】

ミチヨは現在65歳で3人の子どもがいます。同居している2人の娘と、結婚して家を出ていった長男です。

夫には先立たれたミチヨですが、同居している父親がまだ健在でした。しかし近ごろは認知症がだいぶ進んできたようです。

「このままだと数年後には孫や曽孫《ひまご》の名前はおろか、娘であるわたしの名前すら忘れてしまうのではないかしら」

そんな不安が頭をかすめることがあります。

ミチヨの住む家は父の名義になっていました。土地もそうです。父の名義の土地は、ほかにも3つありました。

「相続になれば妹のサチヨが権利を主張してくるのではないか」

そう考えると、ミチヨは心配になるのです。

ミチヨは2人姉妹の長女で、母親はすでに亡くなっています。ですから父親の財産を相続するのは、ミチヨとサチヨの2人です。父と同居して身の回りの世話をずっとしてきたミチヨとしては、この家と土地を相続するのはもちろん、できれば他の土地も相続し、ゆくゆくは2人の娘や長男に与えてやりたいと思っていました。

しかし法律では相続人が平等に権利をもっていると聞きます。サチヨが権利を主張した場合、この年になって姉妹で争わなくてはならないかもしれません。そう思うと、これまで特に大きなけんかもせず仲良くやってきた姉妹の絆《きずな》にひびが入りそうで、憂鬱な気分になります。

ミチヨは漠然とした不安から、娘がかつて勉強していた法律のテキストをぱらぱらとめくっていました。よい方法はないかとページを繰っていると、「成年後見制度《せいねんこうけん》」という項目に目が止まりました。父は認知症が進行しつつあるので、自分はこの本に出てくる「成年後見人《せいねんこうけんにん》」になれるかもしれません。そうなれば、自由に財産を管理できることになりそうです。

そうしたらわたしが父の代理として、わたしに土地や建物などの不動産を全部贈与してしまえばいいんだわ。預貯金や株なんかは相続のときに妹と分ければ妹も文句は言えないでしょう。

そこでミチヨは家庭裁判所に申立てをし、父親を成年被後見人にする宣言をもらい、自分を後見人にしてもらいました。そして父親の代理人として、父から自分に対して不動産すべてを贈与する契約をさせました。

果たしてミチヨのこの行為は民法上正しいことなのでしょうか。

成年後見制度

認知症などで自己の財産を管理し処分する能力がなくなってきた高齢者の財産を守

るため、家庭裁判所が財産を管理する後見人（通常は親族が候補者）を指定する制度が「成年後見制度」です。これによって成年被後見人となった高齢者の財産は、後見人が管理をすることになります。

財産を処分する場合には、後見人が代理人となる必要がでてきます。こうして成年被後見人の財産は、後見人に管理などが委ねられるのです。

しかし、なかには、成年後見制度を濫用しようとする人がいます。成年被後見人の財産を後見人が自分に譲る契約書を作成してしまうもので、まさに【ケース13】がそれに当たります。

利益相反取引の制限

こうしたことがないように、民法はあらかじめ制度をつくり歯止めをかけています。もし成年被後見人の財産を後見人自身に譲るなど「利益相反《りえきそうはん》」がある取引を行う場合には、家庭裁判所に申立てをして**特別代理人**を選任してもらわなければなりません（民法860条・826条）。居住用の不動産を売却する場合などには、さらに家庭裁判所の許可も必要です（民法859条の3）。

こうして、代理人が本人と「利益相反」（コンフリクト）を起こすおそれがある場合の取引については、特別代理人を選任させ、利害の対立がある代理人が契約をひとりで操作するのを制限するようにしています。

これは成年被後見人の場合だけではありません。親と未成年者の子との間で土地の売買をするような場合などの利益相反についても規制があり、同じく特別代理人の選定が必要になります（民法826条）。親は（本来、子どもの利益のために行動すべきですが）、こうした場合、自分の利益のために行動してしまうおそれがあるからです。

また、代理人と本人が契約をする場合に、代理人が本人の代理人になること（自己《じこ》契約《けいやく》）は禁止されています。契約当事者双方の代理人をひとりの人がになうこと（双方代理《そうほうだいり》）も禁止されています（民法108条本文）。ただし、本人があらかじめ許諾をした場合など、例外的に許される場合もあります（民法108条ただし書き）。要は、自分の利益を優先して本人の代理人として自分と契約をするような場合、本人の利益を害する危険があるので、あらかじめ民法が規制をかけているのです。

民法の特別法である会社法でも、たとえば取締役が会社と取引をするなど「利益相反」（自己取引）となる場合には、取締役会などの承認を必要としています（会社法356条1項2号、3号、365条1項）。これも、右と同じ考え方によるものです。

利益相反行為の効果

成年被後見人と後見人との間で「利益相反」のある取引がなされた場合は、どうなるのでしょうか。本来なら、特別代理人を家庭裁判所に選任してもらい、特別代理人に代理をさせなければならないのですが、それをしなかったことになるので、これは「無権代理《むけんだいり》」と同じです。無権代理に準じた扱いがなされることになると、本人の追認がない限り、その間の取引は無効になるのが原則です。

もっとも本人が成年被後見人の場合は、自分で追認をすることはできません。そこでこの場合、改めて選任された特別代理人なり、あるいは新しい後見人なりが追認をすれば、さかのぼって有効な行為になることになります。そうでない限りは無効な行為となります。

「利益相反」があると、民法に限らず法規制が入る可能性があります。このことは、ぜひ知っておいたほうがいいでしょう。

＊

ミチヨの父親は98歳で天命をまっとうしました。ミチヨが家庭裁判所の手続きを経ないで行った贈与は無権代理で無効のはずです。ミチヨはそんなこともつゆ知らず、妹のサチヨから相続について話を切り出されたら、すべて贈与によって土地などが自分の名義に移っていることを打ち明けるつもりでした。

登記簿謄本を見て気がついたサチヨの夫は、義父の土地が義姉の名義になっていることをサチヨに告げました。サチヨは「そう」と言ったきり黙ってしまいました。

そして、しばらくしてサチヨは夫にこう言いました。

「姉さんもいろいろ苦労したの。もう72よ。いいの、それならそれで。父の世話をいっしょうけんめいしてくれたんですもの。わたしにはあなたがいてくれれば、もうそれだけで十分よ」

【民法108条　自己契約及び双方代理】

同一の法律行為については、相手方の代理人となり、又は当事者双方の代理人となることはできない。ただし、債務の履行及び本人があらかじめ許諾した行為については、この限りでない。

【民法826条　利益相反行為】

親権を行う父又は母とその子との利益が相反する行為については、親権を行う者は、その子のために特別代理人を選任することを家庭裁判所に請求しなければならない。

（2項は、略）

【民法859条の3　成年被後見人の居住用不動産の処分についての許可】

成年後見人は、成年被後見人に代わって、その居住の用に供する建物又はその敷地について、売却、賃貸、賃貸借の解除又は抵当権の設定その他これらに準ずる処分をするには、家庭裁判所の許可を得なければならない。

【民法860条　利益相反行為】

第826条の規定は、後見人について準用する。ただし、後見監督人がある場合は、この限りでない。

【会社法356条　競業及び利益相反取引の制限】

取締役は、次に掲げる場合には、株主総会において、当該取引につき重要な事実を開示し、その承認を受けなければならない。

一（略）

二　取締役が自己又は第三者のために株式会社と取引をしようとするとき。

三　株式会社が取締役の債務を保証することその他取締役以外の者との間において株式会社と当該取締役との利益が相反する取引をしようとするとき。

2　民法第108条の規定は、前項の承認を受けた同項第2号の取引については、適用しない。

【会社法３６５条　競業及び取締役会設置会社との取引等の制限】

取締役会設置会社における第３５６条の規定の適用については、同条第１項中「株主総会」とあるのは「取締役会」とする。

（２項は、略）

参考文献

星野英一『民法のすすめ』岩波新書　１９９８年
米倉明『民法の聴きどころ』成文堂　２００３年
伊藤正己・加藤一郎編『現代法学入門　第４版』有斐閣双書　２００５年
我妻榮著、遠藤浩・川井健補訂『民法案内１　私法の道しるべ』勁草書房　２００５年
成田博『民法学習の基礎　第２版』有斐閣　２００５年
星野英一『民法のもう一つの学び方　補訂版』有斐閣　２００６年
吉田和夫『民法入門』学陽書房　２００６年
米倉明『プレップ民法　第４版増補版』弘文堂　２００９年
伊藤真『伊藤真の民法入門　講義再現版　第４版』日本評論社　２００９年
星野英一『法学入門』有斐閣　２０１０年
内田貴『民法改正』ちくま新書　２０１１年
大村敦志『民法改正を考える』岩波新書　２０１１年

民法の条文索引

民法の条文索引

【み】

【む】

【め】

【や】

【ゆ】

【り】

【る】

【れ】

【ろ】

用語索引　※民法の条文に載っている箇所はゴシックで表記しました。

木山泰嗣（きやまひろつぐ）
1974年神奈川県横浜市生まれ。弁護士。上智大学法学部法律学科卒。鳥飼総合法律事務所に所属し、税務訴訟及び税務に関する法律問題を専門にする。主な担当事件に、ストック・オプション税務訴訟などがある。青山学院大学法科大学院客員教授（租税法演習）。著書に、『弁護士が書いた究極の勉強法』『小説で読む民事訴訟法』（いずれも法学書院）、『税務訴訟の法律実務』（第34回日税研究賞「奨励賞」受賞、弘文堂）、『憲法がしゃべった。』（すばる舎）、『弁護士が教える本当は怖いハンコの話』（祥伝社黄金文庫）などがある（本書で単著の合計は17冊）。「むずかしいことを、わかりやすく」がモットー。ツイッター：@kiyamahirotsugu

弁護士《べんごし》が教《おし》える 分《わ》かりやすい「民法《みんぽう》」の授業《じゅぎょう》

2012年4月20日初版1刷発行

著　者 ―― 木山泰嗣
発行者 ―― 丸山弘順
装　幀 ―― アラン・チャン
印刷所 ―― 萩原印刷
製本所 ―― ナショナル製本
発行所 ―― 株式会社 光文社
東京都文京区音羽1-16-6（〒112-8011）
http://www.kobunsha.com/
電　話 ―― 編集部03(5395)8289　書籍販売部03(5395)8113
業務部03(5395)8125
メール ―― sinsyo@kobunsha.com

ISBN 978-4-334-03681-2

555
平家物語
新書で名著をモノにする
長山靖生
無常と普遍、栄光と没落――人間のたくましさ、バカさを学ぶ最高のテキストを、末世のような現代に読み直す試み。登場人物を立場・身分に分け、その心の動きを眺めつつ読み解く。
978-4-334-03658-4

556
西洋音楽論
クラシックに狂気を聴け
森本恭正
日本におけるクラシック音楽の占める位置は何処にあるのか。クラシック音楽の本質とは何か。作曲家・指揮者としてヨーロッパで活躍してきた著者が考える、西洋音楽の本質。
978-4-334-03659-1

557
ご老人は謎だらけ
老年行動学が解き明かす
佐藤眞一
なぜキレやすい？　なぜいつまでも運転したがる？　なぜ妻と死別した夫は再婚したがる？――一見「わけのわからない」老人の心理・行動を、老年行動学の第一人者が解明する！
978-4-334-03660-7

558
官邸から見た原発事故の真実
これから始まる真の危機
田坂広志
事故直後の3月29日から5か月と5日間、内閣官房参与を務めた原子力工学の専門家が、緊急事態において直面した現実と、極限状況で求められた判断とは？　緊急出版！
978-4-334-03661-4

559
円高の正体
安達誠司
日本の景気を悪くしている2つの現象「円高」と「デフレ」。なぜ、この流れは止められないのか？　ニュースや専門家の解説では見えにくい経済現象の仕組みを一冊でスッキリ解説。
978-4-334-03662-1

560
IFRSの会計
「国際会計基準」の潮流を読む
深見浩一郎
会計の形が大きく変わる――。現在、会計のボーダーレス化が世界で進んでいる。企業会計の問題とは？「基準を制する者が世界を制する」。EU・アメリカの思惑と日本の選択肢。
978-4-334-03663-8

561
アホ大学のバカ学生
グローバル人材と就活迷子のあいだ
石渡嶺司　山内太地
ツイッターでカンニング自慢をしてしまう学生から、グローバル人材問題まで、日本の大学・大学生・就活の最新事情を掘り下げる。廃校・募集停止時代の大学「阿鼻叫喚」事情。
978-4-334-03664-5

562
子どもが育つ玄米和食
高取保育園のいのちの食育
西福江　高取保育園
「子どもはお子様ランチに象徴されるような味の濃い食べ物が好き」。そんな固定観念を覆し、大人が驚くほどの本物志向を教え続ける高取保育園。その食理念と実践法を紹介する。
978-4-334-03665-2

563
最高裁の違憲判決
「伝家の宝刀」をなぜ抜かないのか
山田隆司
法令違憲判決の数、64年間でわずか8件――。最高裁は〝伝家の宝刀〟違憲審査権を適切に行使してきたのか？　歴代の最高裁長官の事績を追いながら、司法の存在意義を問い直す。
978-4-334-03666-9

564
宇宙に外側はあるか
松原隆彦
この宇宙は奇妙な謎に満ち溢れている。いま、宇宙の何がわかっているのか？　宇宙の全体像とは？　宇宙の「外側」とは？　現代宇宙論のフロンティアへと旅立つ一冊。
978-4-334-03667-6

565
政治家・官僚の名門高校人脈
横田由美子

国会で丁々発止を繰り広げる議員どうしが、実は高校の同級生だったりする。議員や官僚の出身高校に着目すれば、日本のエスタブリッシュメントたちのネットワークが見えてくる。

978-4-334-03668-3

566
絶望しそうになったら道元を読め！
『正法眼蔵』の「現成公案」だけを熟読する
山田史生

わずか2500字に込められた、日本仏教思想史の最高峰・道元の禅思想のエッセンス。修行に、人生にくじけそうな者に、どんなメッセージを投げかけているのか。1冊かけて読む。

978-4-334-03669-0

567
おひとり温泉の愉しみ
山崎まゆみ

ハードルが高いと思われがちな「おひとり温泉」の極意を伝授。「ひとりで食事をするのは……」「時間を持て余しそう」——小さなものから大きなものまで、疑問に答えます。

978-4-334-03670-6

568
極みのローカルグルメ旅
柏井壽

麺、ご飯もの、居酒屋巡り。全国を食べ歩いた著者が、世にも不思議なご当地限定グルメから、しみじみ美味い絶品料理まで明かす。「日本には、こんなに美味いものがあったんだ」

978-4-334-03671-3

569
「当事者」の時代
佐々木俊尚

いつから日本人の言論は当事者性を失い、弱者や被害者の気持ちを勝手に代弁する〈マイノリティ憑依〉に陥ってしまったのか——すべての日本人に突きつける著者渾身の書下ろし。

978-4-334-03672-0

570
リーダーは弱みを見せろ
GE、グーグル 最強のリーダーシップ
鈴木雅則
GEとグーグルというグローバル先進企業でリーダーシップを教えた著者が、体系的にわかりやすく、リーダーシップの基礎を解説。誰でもリーダーシップは身につけられる！
978-4-334-03673-7

571
検証
財務省の近現代史
政治との闘い150年を読む
倉山満
日本の最強官庁は何を考え、この国をどこに導こうとしているのか。大蔵省・財務省一五〇年の歴史にメスを入れ、知られざる政治との関係、「増税の空気」の形成過程を描き出す。
978-4-334-03674-4

572
［改訂新版］藤巻健史の実践・金融マーケット集中講義
藤巻健史
先物、スワップ、オプションなど、金融マンから個人投資家の資産運用まで、本当に使える金融知識を、「伝説のディーラー」が実践的に伝授。データ刷新、大幅加筆の改訂版！
978-4-334-03675-1

573
対話型講義
原発と正義
小林正弥
普段は〝思考実験〟に過ぎなかった哲学のジレンマが、原発事故によって現実化。早急な意思決定を求められる私たちに必要な、公共哲学の判断原則を「対話型講義」で身につける。
978-4-334-03676-8

574
天職は寝て待て
新しい転職・就活・キャリア論
山口周
未来予測が困難なこの時代に、幸せな職業人生を歩むには？様々な転職をしてきた著者が、自らの経験を元に「天職への転職」を実現するための思考様式や行動パターンを解説する。
978-4-334-03677-5

575
プロ野球の職人たち
二宮清純

西武4番・中村、捕手の代表・古田、バントの名手・川相、盗塁王・福本豊らから、スカウト、主審まで——球界の職人たちの匠技に二宮が迫る、野球ファン必携の一冊!

978-4-334-03678-2

576
大往生したいなら老人ホーム選びは他人にまかせるな!
本岡類

デキる老人は、泊まって選ぶ! 専門家(業界人)の意見に惑わされ(騙され)ず、「自分に合う」施設を見抜くポイントを、介護施設で働いた経験も持つ著者(小説家)が丁寧に教える。

978-4-334-03679-9

577
イラン人は面白すぎる!
エマミ・シュン・サラミ

危険なイメージを持たれがちなイラン人。しかし、実はこんなに陽気で面白い人たちなのだ! 吉本のイラン人芸人が珍エピソード満載でお送りする、笑って学べる新イスラム本。

978-4-334-03680-5

578
弁護士が教える分かりやすい「民法」の授業
木山泰嗣

法律を勉強する人の間でも、「難しい」と言われる民法。その基本が、敏腕弁護士による2日間集中講義形式&ストーリー仕立てで、楽しくかつ短期間に身につく!

978-4-334-03681-2

579
ドストエフスキー『悪霊』の衝撃
亀山郁夫 リュドミラ・サラスキナ

善と悪の基準を失い罪を背負う主人公を、作家はなぜ「自分の魂から取り出してきた」と書いたのか——世界文学最大の問題作に潜む謎を解く、日ロの研究者による対談&エッセイ。

978-4-334-03682-9